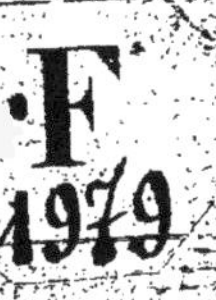

LÉON RETAIL

Docteur ès sciences juridiques
Docteur ès sciences politiques et économiques
Expert-comptable et arbitre rapporteur près les Tribunaux de la Seine
Professeur à l'École des Hautes Études commerciales

L'EXPERTISE JUDICIAIRE

EN MATIÈRE D'ÉVALUATION

DE FONDS DE COMMERCE

PRÉFACE

DE

M. RAPHAËL-GEORGES LÉVY

Membre de l'Institut

PARIS

LIBRAIRIE DALLOZ

11, RUE SOUFFLOT, 11

1926

L'EXPERTISE JUDICIAIRE

EN MATIÈRE D'ÉVALUATION

DE FONDS DE COMMERCE

LÉON RETAIL

Docteur ès sciences juridiques
Docteur ès sciences politiques et économiques
Expert-comptable et arbitre-rapporteur près les Tribunaux de la Seine
Professeur à l'Ecole des Hautes Etudes commerciales

EXPERTISE JUDICIAIRE

EN MATIÈRE D'ÉVALUATION

DE FONDS DE COMMERCE

PRÉFACE

DE M. RAPHAËL-GEORGES LÉVY
Membre de l'Institut

PARIS

LIBRAIRIE DALLOZ

11, RUE SOUFFLOT, 11

1926

PRÉFACE

Le titre même de cet ouvrage révèle à lui seul la nature et la difficulté du problème que l'auteur a cherché à résoudre. Les fonds de commerce, envisagés comme individualités juridiques, ont pris dans la vie économique contemporaine une importance qu'étaient bien loin de prévoir les rédacteurs de notre Code de Commerce. Les textes de ce code ne donnent aucune indication précise sur les procédés à mettre en œuvre pour déterminer la valeur d'un fonds de commerce. Seuls les principes généraux du droit permettent de tracer à grands traits le cadre dans lequel devront entrer les modes d'évaluation utilisables en pratique, tout en restant conformes à la loi. Or la nécessité de procéder à de telles évaluations se présente journellement, à une époque où les fonds de commerce constituent une fraction, souvent importante, des fortunes privées.

L'expérience acquise par l'auteur dans les fonctions d'expert-comptable près le tribunal de première instance de la Seine, et d'arbitre-rapporteur près le tribunal de commerce lui ont fait ressentir de façon particulièrement nette le besoin de soustraire à l'arbitraire l'évaluation des fonds de commerce en dégageant les divers éléments qui permettent d'en fixer la valeur. Non certes qu'il ait conclu à l'établissement d'une méthode abstraite et rigide d'évaluation que juges et experts devraient toujours imposer aux intéressés. La valeur des fonds de commerce, comme celle de tous les biens, s'établit normalement par le libre jeu de l'offre et de la demande. A vouloir méconnaître cette vérité première, on s'exposerait à revenir au système des taxations dont on a fait un tel abus au cours des dernières années, sans parvenir d'ailleurs à faire échec aux lois économiques qu'on avait cru anéantir d'un trait de plume.

Le but que l'auteur s'est assigné est à la fois plus modeste et plus sage. Etant donné les prix habituellement pratiqués dans les cessions de fonds de commerce, il a recherché la nature et l'importance des divers facteurs qui interviennent dans la fixation de ces prix. Ce faisant, il n'arrive pas seulement à expliquer de façon scientifique un phénomène économique, mais il obtient aussi un résultat pratique important. Il indique une méthode pour évaluer de façon suffisamment précise chaque fonds de commerce, même lorsque la loi de l'offre et de la demande ne permet pas, pour des raisons particulières à tel ou tel cas déterminé, d'en dégager approximativement la valeur. L'utilité de cet ouvrage est donc certaine pour tous ceux, juristes, experts, commerçants qu'intéresse le difficile problème de l'évaluation des fonds de commerce.

La méthode employée par M. Retail met en jeu les principes essentiels de la comptabilité commerciale. Il donne un exemple des résultats auxquels peut conduire l'alliance de deux cultures, juridique et mathématique, qui sont également indispensables à quiconque s'intéresse à l'étude des sciences commerciales. Celles-ci nous apparaissent alors comme un amalgame de principes empruntés à des disciplines diverses, mais ayant leur unité propre pour leur application à un objet commun.

De nos jours, un expert doit être instruit à la fois de la législation appliquée au commerce et des éléments mathématiques nécessaires pour interpréter les résultats d'un bilan et résoudre diverses questions (change, annuités, amortissement financier) inséparables des questions comptables. Cette double culture est indispensable à ceux qui, comme l'auteur, veulent faire progresser les sciences commerciales en étayant la pratique sur la théorie et en étendant leurs recherches à des domaines négligés jusqu'à ce jour. De telles recherches ne sauraient être le fait de mathématiciens ou de juristes spécialisés dans leurs études particulières. Il leur serait impossible d'envisager les questions sous leurs divers aspects et il leur manquerait, en outre, l'expérience nécessaire pour donner à leurs écrits le caractère d'utilité pratique indispensable à toutes les sciences appliquées au commerce. Pour être vraiment féconds les travaux de cet ordre doivent être l'œuvre d'hommes familiarisés à la fois avec ces deux sortes d'études et avec les pratiques de la vie économique contemporaine. C'est la réunion et l'emploi de ces connaissances diverses, et de ces deux disciplines qui constituent le caractère original du présent ouvrage. Le livre de M. Retail ouvre la voie à bien des recherches neuves et intéressantes. Je ne doute pas qu'à ce titre, tout autant qu'à raison de son utilité immédiate, il n'obtienne du public l'accueil favorable qu'il mérite.

RAPHAËL-GEORGES LÉVY
Membre de l'Institut

Ayant éprouvé, au cours d'affaires renvoyées à notre expertise, les plus grandes difficultés pour procéder à l'évaluation d'un fonds de commerce, nous nous sommes appliqué à rechercher une formule pratique.

En novembre 1924, M. Herbulot, secrétaire général de la présidence du tribunal de commerce de la Seine, voulut bien nous offrir — et nous l'en remercions très vivement — l'hospitalité dans les colonnes de la *Revue pratique de Législation et de Jurisprudence* du tribunal de commerce de la Seine, pour nous permettre d'exposer aux lecteurs de cette revue le premier résultat de nos recherches.

Notre formule d'évaluation des fonds de commerce parut alors si personnelle et si hardie qu'elle souleva les objections les plus vives et les plus sévères.

Cependant, les conseils autorisés et les critiques bienveillantes, nous ont poussé à persister dans nos travaux. Nous nous empressons de remercier tous ceux qui nous ont aidé, en nous excusant de leur rendre beaucoup moins qu'ils nous ont prêté :

M. Raphaël-Georges Lévy, membre de l'Institut, qui nous fait l'honneur d'une préface,

MM. Chénon, Demogue, Jèze, Oualid, Piédelièvre, Ripert, professeurs à la Faculté de Droit, notre ami M. Boyer, assistant à la Faculté et M. Cendrier, auteur du traité « *Le Fonds de Commerce* »,

MM. Gabriel Faure, président de la compagnie des experts-comptables près le tribunal de première instance ; Rousseau, président de la compagnie des arbitres-rapporteurs près le tribunal de commerce, et Reymondin, vice-président de la Société de comptabilité de France,

MM. Bouzonnie, Corlieu, Poirier, Prestat et certains autres de nos collègues experts près les tribunaux, ou professeurs à l'Ecole des Hautes Études Commerciales.

Nous serons très heureux si, grâce aux encouragements qu'ils nous ont prodigués les uns et les autres, cet ouvrage peut apporter sa modeste contribution à l'étude et au développement des sciences commerciales.

Léon Retail

Docteur ès sciences juridiques, politiques et économiques
Expert-Comptable
près le tribunal de Ire instance de la Seine
Arbitre-Rapporteur près le tribunal de commerce
Professeur à l'Ecole des Hautes Etudes Commerciales

Paris, 24, rue Beaubourg.

DE L'EXPERTISE JUDICIAIRE

EN MATIÈRE D'ÉVALUATION

DE FONDS DE COMMERCE

INTRODUCTION

Le titre seul de notre Etude doit nous attirer les critiques les plus sévères de la part des commerçants. Ceux-ci nous opposeront les objections qu'ils ont déjà si souvent formulées en la matière, et qu'il importe de résumer et de préciser pour en savoir toute la portée.

C'est une erreur, disent-ils, que d'assimiler un fonds de commerce à une marchandise ayant un cours. Le cours ne peut être que l'échelle des prix d'une série d'objets identiques ou semblables. Pour les fonds de commerce, ce cours n'existe pas, et il n'est aucun moyen de l'établir. La valeur du fonds ne peut, en aucun cas, être objective et l'ensemble des éléments qui le composent lui donne, au contraire, dans chaque transaction une individualité particulière. Elle est non seulement fonction des aptitudes de l'exploitant, mais encore de la convenance personnelle qu'il y attache. Les éléments d'après lesquels variera cette valeur seront, entre autres : la nature et la situation du fonds, le

L.Retail   1

chiffre d'affaires, le bénéfice net réalisé, la durée du bail, l'importance du matériel et de l'installation, le fonds de roulement nécessaire, la situation du logement personnel, le genre de clientèle, la durée des heures de travail, l'assiduité requise, les facilités de revente, les aptitudes que possèdera ou croira posséder l'acquéreur, les espérances qu'il fonde, les modalités de paiement au comptant ou à terme, la confiance réciproque des co-contractants, le tout merveilleusement réglé par la loi de l'offre et de la demande.

Comment, dans ces conditions, concluent les intéressés, alors que tant d'éléments différents et impondérables entrent en jeu, serait-il possible d'établir un cours normal ?

Pour répondre à ces arguments, nous tenons d'abord à préciser, et nous insistons tout particulièrement sur ce point, que nous n'avons nullement ici l'intention d'approuver ou de critiquer les prix de cession pratiqués dans les transactions amiables : les conventions librement consenties, faisant l'unique loi des parties, conformément à l'article 1134 du Code civil.

Dès lors qu'une vente de fonds a été réalisée et que vendeur et acquéreur se déclarent satisfaits du prix de cession qu'ils ont discuté et fixé d'un commun accord, nous sommes d'avis que ce prix doit être tenu pour la valeur du fonds et que nul n'est fondé à en contester le chiffre.

Cependant, il arrive très fréquemment, en matière judiciaire, que le Juge est amené directement ou accessoirement à fixer la valeur d'un fonds de commerce.

Nous aurons à rechercher, pourquoi et comment un tribunal peut être saisi d'un tel objet. Qu'il nous suffise, pour le moment, d'indiquer que la question étant posée, elle devra nécessairement recevoir une solution et qu'en aucun cas, le Juge ne pourrait se soustraire à l'obligation d'évaluer le fonds de commerce. En effet l'article 4 du Code civil stipule que le Juge qui refusera de juger, sous prétexte du silence, de l'obscurité ou de l'insuffisance de la loi, sera coupable de déni de justice.

On ne peut donc pas nous objecter sérieusement que l'évaluation d'un fonds de commerce est chose impossible, puisque c'est une besogne que doivent, de par la loi, accomplir fréquemment les tribunaux les plus divers.

Au surplus, il y a chaque jour des ventes dans lesquelles la valeur du fonds, fixée par accord des parties, correspond à une valeur marchande reconnue par tout homme de métier. C'est ainsi que s'établit dans l'évaluation amiable une précision suffisante pour les professionnels du commerce considéré.

Chaque jour aussi, des nantissements sont consentis en faveur de créanciers qui, sans nul doute, n'ont effectué des prêts qu'en considération de la valeur de réalisation qu'ils attribuent au fonds de commerce remis en gage.

Et ainsi les objections qui nous sont faites et qui ont pour résultat de marquer nettement que l'évaluation amiable est chose difficile, ne peuvent que confirmer notre point de vue que l'évaluation judiciaire est extrêmement délicate et qu'il peut y avoir intérêt à rechercher les principes qui pourront guider le Juge, ou l'Expert qu'il a commis. C'est le but que nous nous sommes proposé dans cette étude.

Sans point de repère, le Juge serait contraint de procéder à une évaluation arbitraire. Notre intention n'est pas de nous substituer à lui, mais de lui apporter des chiffres et de lui fixer un ordre de grandeur qui lui permettront d'obtenir tous les éléments d'appréciation pour rendre sa décision.

Proposer une méthode, là où il n'y avait peut-être jusqu'alors qu'arbitraire de l'Expert, fixer un ordre de grandeur, là où il n'y avait précédemment aucun point de repère pour le Juge, tels sont les buts très limités de cette étude.

PREMIÈRE PARTIE

DE L'ÉVALUATION
DES FONDS DE COMMERCE

CHAPITRE PREMIER

LES ÉLÉMENTS SERVANT DE BASE A L'ÉVALUATION

« Le fonds de commerce, dit Cendrier, est la réunion
« de tous les organes nécessaires à une exploitation
« industrielle ou commerciale. »

Le même auteur indique, par ailleurs, que ces organes se retrouvent plus ou moins nombreux suivant
l'importance de la maison de commerce et l'étendue de
ses opérations, et que l'énumération peut, en conséquence, en être longue, comme aussi elle peut en être
sommaire.

Le droit au bail, le matériel, les marchandises, la
clientèle et l'achalandage, le nom commercial et l'en-
seigne, les brevets d'invention, les marques de
fabrique ou de commerce, les dessins et modèles indus-
triels sont les différents éléments qui, par leur coordi-

nation, constituent cette nouvelle valeur juridique. Le fonds ne cesse d'ailleurs pas d'exister si quelques-uns des organes précités viennent à manquer. Le fonds est donc formé par la réunion de meubles corporels et de valeurs incorporelles. Mais l'essentiel est la clientèle et l'achalandage, « élément qui sert de trait d'union entre tous les autres et qui, par sa présence seule, modifie la nature juridique des meubles corporels ou incorporels composant le fonds, et, en les groupant autour de lui, constitue le nouveau corps juridique » (Cendrier).

Lors de la cession d'un fonds de commerce tous les éléments corporels et incorporels qui le composent sont vendus, mais rien ne s'oppose à ce qu'ils soient vendus séparément. C'est ce qui se produit, en général, pour les marchandises qui sont cédées isolément après inventaire et évaluation. Il y a d'ailleurs intérêt à procéder de cette façon, pour bénéficier d'un tarif spécial des droits qui grèvent la cession. Quoi qu'il en soit, la valeur des meubles corporels du fonds (marchandises, mobilier, matériel) est facile à évaluer d'après les factures d'achats ou d'après les cours du jour. Mais il n'en est pas de même pour les choses incorporelles : clientèle, achalandage, confiance, qui constituent, nous l'avons dit, la partie essentielle servant de lien entre toutes les autres, à tel point qu'en langage commercial, le terme « fonds de commerce » a pris un sens plus restreint que le sens juridique indiqué précédemment. Il est d'usage courant, en effet, de désigner sous ce nom, seulement les éléments incorporels. L'évaluation du « fonds de commerce » ainsi défini présente les plus grandes difficultés dans les cas de cession, de partage, d'expropriation. Nous constatons que depuis quelques années le nombre des ventes est considérable, que les prix de cession ont augmenté dans d'assez fortes proportions et que les litiges relatifs à ces cessions sont assez nombreux. Il en résulte que la question de l'évaluation d'un fonds de commerce, envisagée au point de vue judiciaire, est tout à fait à l'ordre du jour. Notre but dans cet ouvrage sera d'étudier une méthode susceptible de donner au juge une valeur approximative et de lui indiquer un ordre de grandeur qui le guidera dans sa décision.

Il convient tout d'abord de rechercher quels éléments devront servir de base à notre évaluation.

Il est nécessaire de préciser ici que nous considérons seulement le cas d'un fonds de commerce pour lequel l'emplacement des locaux présente de l'importance, ce qui au surplus est le cas général.

En effet, si nous cherchons la valeur d'une exploitation dans laquelle l'emplacement du siège de l'entreprise est indifférent, et peut d'ailleurs facilement se transporter d'un local dans un autre, la valeur du fonds est uniquement fonction de la bonne marche de l'affaire, c'est-à-dire des bénéfices réalisés. C'est ce qui se produira, par exemple, pour un cabinet d'affaires, pour un commerce de représentation, pour l'exploitation d'un journal de modes, etc., toutes entreprises qui peuvent s'installer dans un bureau pour lequel la situation n'a aucun intérêt et où les relations entre le commerçant et les clients s'établissent par téléphone, par correspondance, ou par des visites aux domiciles de ces derniers.

Le cas est tout différent lorsqu'il s'agit d'un commerce de café, restaurant, boucherie, épicerie, bijouterie, hôtel, etc. Dans cette hypothèse, l'emplacement est essentiel et l'expérience montre fréquemment qu'il suffit de transférer un fonds de commerce, même dans un périmètre très restreint, pour en modifier complètement l'achalandage et la prospérité. De plus, dans les conditions actuelles des locations, l'obligation d'abandonner le local dans lequel le commerce est exercé, entraînerait souvent la fermeture obligatoire, par suite de l'impossibilité matérielle de trouver un nouveau magasin où transférer l'entreprise.

C'est pourquoi nous pouvons dire que le commerçant qui achète un fonds de commerce devient acquéreur, parce qu'il espère tirer de ce fonds, et *pendant chacune des années restant à courir sur le bail, un bénéfice éventuel* suffisant pour rémunérer le capital engagé et le travail fourni. Et nous apercevons immédiatement les deux éléments qui nécessairement, vont servir de base à notre évaluation :

1º Le bénéfice éventuel ;

2º La durée du bail.

Pour évaluer ce bénéfice éventuel, et les risques de l'entreprise, le commerçant a un élément d'appréciation dans l'expérience du passé, c'est-à-dire dans le bénéfice réalisé au cours des précédentes années. C'est ce qui explique que pour la plupart des professions, l'usage consistant à prendre comme base la moyenne du bénéfice des trois ou quatre dernières années paraît nettement établi. En effet, l'acquéreur espère, dans l'avenir, réaliser annuellement un bénéfice égal au bénéfice moyen du cédant pendant les dernières années qui ont précédé la vente. Cependant, nous verrons par la suite que dans certains cas, des circonstances particulières peuvent nous amener à penser que le bénéfice éventuel du fonds après cession, sera différent du bénéfice moyen des derniers exercices. Et nous ne manquerons pas, dans chacun des cas d'espèce, de tenir compte des conditions spéciales au fonds considéré. Le bénéfice moyen d'un fonds est donc l'élément principal de l'appréciation de sa valeur. Nous avons indiqué qu'il n'est pas le seul élément essentiel.

La durée du bail est aussi un facteur primordial. Et toutes les critiques qui se sont produites au sujet des évaluations judiciaires étaient le plus souvent la conséquence de ce fait qu'on n'était pas d'accord sur le coefficient par lequel il faut multiplier le bénéfice moyen pour déterminer la valeur du fonds. Nous avons vu appliquer par les tribunaux, après renvoi devant expert, des coefficients variant de 2 à 10, en considération de la longueur du bail, de la nature du commerce et des conditions spéciales à l'affaire en litige. L'expert s'était, dans tous les cas, livré très consciencieusement à un travail extrêmement aride et cependant les rapports d'expertise ont toujours été l'objet de très vifs reproches de la part de l'une des parties au moins, et parfois même des deux parties en cause, chacune d'elles considérant comme arbitraire le coefficient indiqué par l'expert : pour l'acheteur, et en toute sincérité sans doute, le coefficient était beaucoup trop élevé ; pour le vendeur il était beaucoup trop faible. Et ainsi, chacune des parties quittait l'audience en conservant l'intime conviction qu'elle était lésée par la décision judiciaire, parce que le coefficient appliqué lui paraissait avoir été choisi au hasard, sans qu'aucune règle en ait fixé au moins l'ordre de grandeur.

Il est cependant de toute évidence que le coefficient à appliquer au bénéfice moyen pour trouver la valeur du fonds de commerce est lié à la longueur du bail. Au surplus, les offres de ventes de fonds, faites dans les annonces de nos grands quotidiens indiquent toujours, sans aucune exception, les éléments suivants : prix demandé, bénéfice ou chiffre d'affaires, longueur du bail. C'est la confirmation par les faits que le fonds a une valeur dont on peut mesurer l'ordre de grandeur, en considération du bénéfice et de la longueur du bail. C'est cette relation que nous nous proposons de définir. Nous serons ainsi amené à établir une formule qui nous donnera une valeur théorique du fonds. C'est à l'expert qu'il appartiendra d'en contrôler les éléments et d'en effectuer l'application.

Nous ne nous dissimulons pas que la valeur d'un fonds n'est pas seulement fonction de ces deux éléments : bénéfice moyen et longueur du bail. A côté d'eux interviennent des circonstances particulières au cas considéré. L'étude de certaines de ces circonstances pourra être inséparable du travail d'expertise. Il est bien évident, par exemple, que lorsque l'expert déterminera le bénéfice moyen des trois dernières années, il devra signaler au juge le cas où les bénéfices au cours des derniers exercices d'exploitation sont nettement progressifs ou nettement dégressifs, et indiquer quelle peut être, à son avis, l'influence de cette situation sur l'avenir de l'entreprise.

Enfin certains éléments échappent à toute appréciation d'expert. Sans doute celui-ci peut les signaler au juge, mais c'est à ce dernier seul qu'il appartiendra de chiffrer leur influence sur la valeur du fonds. A titre d'exemple, nous pouvons énumérer certains de ces éléments.

Après la guerre, on cherchait à acheter à tout prix des fonds de commerce, d'alimentation en particulier (épicerie, boucherie, crémerie, boulangerie, café- restaurant, etc...), dans l'espoir de suivre l'exemple de certains commerçants qui avaient pu édifier des fortunes rapides depuis 1914 dans ce genre de négoce. Il en est résulté que la valeur des fonds de cette espèce s'est trouvée croître très rapidement, du seul fait que la demande est devenue très supérieure à l'offre.

En ce qui concerne l'emplacement, nous avons indiqué précédemment que la question se réduisait, en somme, à celle de la longueur du bail. Cependant, des circonstances spéciales relatives à l'emplacement du fonds peuvent en modifier très sensiblement la valeur, par exemple, la création ou le déplacement d'une station d'autobus située à proximité de la boutique. Il arrive même qu'un événement de ce genre peut modifier la valeur de tous les fonds d'un quartier. La création d'un tramway commode desservant une banlieue ou un faubourg, incitera, par exemple, la population à aller choisir dans le centre de la ville tous les objets usuels précédemment achetés à proximité du domicile.

En résumé, les éléments servant de base à l'évaluation d'un fonds de commerce, en matière judiciaire, peuvent être groupés en 3 catégories :

1° Des éléments nettement définis, à savoir le bénéfice moyen et la longueur du bail. L'expert. après avoir fixé ces éléments, les utilisera pour déterminer une valeur théorique du fonds, d'après la formule que nous allons proposer au Lecteur.

2° Certains éléments particuliers à chaque fonds de commerce, et pour lesquels l'expert peut être en mesure de donner un avis. Nous verrons ultérieurement que dans la plupart des cas, l'étude critique de notre formule facilitera ses recherches.

3° D'autres éléments qui échappent nécessairement à notre analyse, parce qu'ils sont extrêmement variables, impondérables parfois et que, de par leur nature spéciale, ils sont complètement en dehors de toute appréciation d'expert. Dans ces cas d'espèces, les parties exposeront leurs prétentions au juge qui ne manquera pas d'en tenir compte en prononçant sa décision. Il apparaît nettement que ces considérations particulières ne peuvent être prévues dans notre étude et que notre analyse ne peut s'étendre qu'aux éléments des deux premières catégories ci-dessus indiquées.

CHAPITRE II

DE LA RECHERCHE D'UNE FORMULE

Au cours d'affaires judiciaires renvoyées à notre examen, nous avons été amené à rechercher un procédé de calcul pour l'évaluation du prix d'un fonds de commerce. C'est ainsi que nous avons été conduit à établir une formule que nous soumettons à la critique bienveillante du Lecteur.

Nous ne nous proposons pas de donner à notre méthode de calcul un caractère intangible, car nous savons, par expérience, que l'évaluation d'un fonds de commerce est une question très complexe, susceptible de donner lieu à des appréciations diverses, mais nous croyons que, pour éviter de tomber dans l'erreur ou dans l'arbitraire, il est utile de recourir, à titre indicatif, à une base de calcul déterminée.

Nous avons déjà fait remarquer que le commerçant qui achète un fonds de commerce devient acquéreur parce qu'il espère tirer de ce fonds et pendant chacune des années restant à courir sur le bail, un bénéfice éventuel suffisant pour rémunérer le capital engagé et le travail fourni. Et nous avons indiqué que le bénéfice éventuel serait apprécié à l'aide du bénéfice moyen résultant de l'exploitation des années précédentes. Il n'est pas douteux que la valeur attribuée au fonds, par l'acquéreur, est proportionnelle à ce bénéfice moyen qui lui fait espérer un bénéfice éventuel équivalent. Nul ne saurait nier, en effet, que sa première préoccupation est de se renseigner sur le rendement normal de l'entreprise.

La longueur du bail est sa seconde préoccupation.

La pratique confirme donc chaque jour cette idée que la valeur du fonds est à la fois proportionnelle à son rendement et à sa durée probable d'exploitation.

Prenons un exemple dans lequel nous supposerons le bénéfice moyen de l'entreprise égal à 100.000 francs, et admettons qu'il reste quinze années de location à courir sur le bail.

Il apparaît que la situation du propriétaire cédant son fonds avec un bail de quinze ans, et abandonnant ainsi à son successeur quinze années de bénéfice à 100.000 fr. est comparable à celle d'une personne qui s'engagerait à payer à un tiers 15 annuités de 100.000fr. La valeur de l'abandon ainsi consenti n'est autre que la « valeur actuelle » de 15 annuités de 100.000 fr.

Désormais, nous désignerons cette valeur actuelle des bénéfices éventuels sous la rubrique « Valeur mathématique du fonds » par opposition à la valeur réelle qui sera fixée par le juge et que nous désignerons sous la rubrique « Valeur du fonds ».

Ces deux appellations nous paraissent, en effet, correspondre à deux notions différentes : la « Valeur mathématique », c'est le chiffre résultant du calcul de l'expert et qui indique au juge l'ordre de grandeur des bénéfices

éventuels de l'entreprise ; la « Valeur du fonds » (1),
c'est le chiffre qui sera fixé par le juge en tenant
compte non seulement de la valeur mathématique que
lui aura fourni l'expert, mais aussi de tous autres éléments d'appréciation.

SECTION I

DE LA VALEUR MATHÉMATIQUE DU FONDS

Pour permettre au Lecteur de nous suivre plus aisément dans l'établissement de notre formule, nous
remontons aux principes les plus simples.

*
* *

I. Soit une somme a placée pendant un an au
taux de t pour franc et par an, elle produit un intérêt $i = at$ (2) et elle devient en fin d'année :

$$A = a + i$$
$$\text{ou} \quad A = a + at$$
$$\text{d'où} \quad A = a (1 + t)$$

Règle. — Il apparaît immédiatement que a étant
le capital au début d'une année, le capital en fin d'année A, s'obtient en multipliant a par $(1 + t)$, conformément à la formule ci-dessus $A = a (1 + t)$.

Exemple. — Une somme de 94.339 fr. 62 placée pen-

1. Nous dirons indifféremment « Valeur du fonds » ou « Prix de
cession du fonds ».
2. Bien voir que l'intérêt d'un capital a pour une année s'obtient en multipliant ce capital par t .

dant un an au taux de 0,06 pour franc (soit 6 0/0) produit un intérêt $i = 94.339,62 \times 0,06 = 5.660$ fr. 38 et devient en fin d'année :

$$A = 94.339,62 \times 1,06 = 100.000 \text{ francs.}$$

Remarque. — On dit que a est la valeur actuelle de A et que A est la valeur acquise par a.

Ainsi, 94.339 fr. 62 est la valeur actuelle (1) d'une somme de 100.000 francs payable dans un an, et 100.000 francs est la valeur acquise par une somme de 94.339 fr. 62 après un an de placement.

*

II. Soit une somme a placée à intérêts composés au taux de t pour franc et par an. En fin de chaque année, elle s'augmentera de ses intérêts pour former une nouvelle somme productive elle-même d'intérêts. Et le capital acquis en fin de chaque année s'obtiendra, d'après la règle précédemment formulée, en multipliant par $(1 + t)$ le capital au début de chaque année.

D'où le tableau ci-après :

	Capital au début de chaque année	Capital acquis en fin de chaque année
1re année	a	$a(1 + t)$
2e année	$a(1 + t)$	$a(1 + t)^2$
3e année	$a(1 + t)^2$	$a(1 + t)^3$
. . . . .	. . . .	. . . . . .
ne année	$a(1 + t)^{n-1}$	$a(1 + t)^n$

1. Valeur actuelle en dedans.

Et ainsi, en désignant par A, la valeur acquise après n années de placement à intérêts composés par un capital initial a on a :

$$A = a (1 + t)^n \qquad (1)$$

Remarque. — On dit que a est la valeur actuelle d'un capital A payable dans n années, et que A est la valeur acquise par un capital a après n années de placement.

$$* \; {}^* \; *$$

III. Quelle est la valeur actuelle (en dedans) a d'un capital A payable dans n années ?

De la formule précédente :

$$A = a (1 + t)^n$$

nous tirons : $$a = \frac{A}{(1+t)^n}.$$

. *Remarque*. — Pour simplifier l'écriture d'une telle formule, il est d'usage de remplacer l'expression $(1 + t)$ par la lettre u. On a par conséquent :

$$(1 + t)^n = u^n \qquad (2).$$

La valeur actuelle en dedans a, d'une somme A payable dans n années est donc donnée par la formule $a = \dfrac{A}{u^n}$ qui peut s'écrire aussi $a = Au^{-n}$ (3).

1. Bien voir que pour obtenir le capital acquis après n années, il faudra multiplier le capital initial par $(1 + t)^n$, conformément à la formule $A = a (1 + t)^n$.

2. Ainsi au taux de 6 0/0 ou de 0,06 pour franc, on a : $t = 0,06$ et $u = 1,06$.

3. Nous rappelons que dans les calculs algébriques pour simplifier l'écriture, on désigne souvent une expression telle que $\dfrac{1}{u}$ sous la forme u^{-n}.

* * *

IV. Supposons qu'un débiteur s'engage à payer, en fin de chaque année, une somme de a francs, pendant n années. Une telle somme payable annuellement est désignée sous le nom d'annuité.

D'après ce qui précède, il apparaît que :

La première annuité a, payable dans 1 an, a une valeur actuelle $\dfrac{a}{u}$ ou au^{-1}.

La deuxième annuité a, payable dans 2 ans, a une valeur actuelle $\dfrac{a}{u^2}$ ou au^{-2}.

La troisième annuité a, payable dans 3 ans, a une valeur actuelle $\dfrac{a}{u^3}$ ou au^{-3}.

. . . .

La dernière annuité a, payable dans n années, a une valeur actuelle $\dfrac{a}{u^n}$ ou au^{-n}.

Par conséquent, la valeur actuelle de l'ensemble de toutes ces annuités de a francs l'une, payables en fin de chaque année, pendant n années est donc :

$$V = au^{-1} + au^{-2} + au^{-3} + \ldots + au^{-n}.$$
$$= a\,(u^{-1} + u^{-2} + u^{-3} + \ldots + u^{-n}) \qquad (1).$$
$$= a\,\frac{u^{-1} - u^{-n}\,u^{-1}}{1 - u^{-1}} \qquad (2).$$

1. Mise en facteurs communs.

2. Somme des termes d'une progression géométrique décroissante dont la raison est u^{-1}.

$$= a \frac{1 - u^{-n}}{u - 1} \qquad (1).$$

$$= a \frac{1 - u^{-n}}{t} \qquad (2).$$

$$= \frac{a}{t} (1 - u^{-n}).$$

Cette formule, pour simplifier l'écriture, est couramment exprimée sous la forme : $V = af(n. t.)$.

$$*\ ^{*}\ *$$

V. — Lorsqu'un fonds de commerce, dont le bénéfice annuel moyen est a francs, et pour lequel le nombre d'années de bail restant à courir est n, est vendu à un cessionnaire, ce dernier devient acquéreur parce qu'il espère, dans l'avenir, retirer du fonds les mêmes avantages que son cédant, dans le passé, c'est-à-dire qu'il présume pouvoir gagner au moins un bénéfice annuel de a francs, pendant les n années de bail restant à courir. Or, la valeur actuelle de ces bénéfices éventuels de a francs, pendant n années, que nous avons désignée sous la rubrique « Valeur mathématique » est une grandeur mesurable qui nous est donnée par la formule que nous venons d'établir :

$$V = \frac{a}{t} (1 - u^{-n}) \text{ formule 1}$$

---

1. En multipliant par u chaque terme de l'expression $\dfrac{u^{-1} - u^{-n}u}{1 - u^{-1}}$ et en remarquant que $n^{-1} = 1$.

2. Bien voir que nous avons posé $u = 1 + t$. Donc $u - 1 = t$.

* * *

VI. — Par quel coefficient K faut-il multiplier le bénéfice moyen d'un fonds de commerce pour obtenir la « Valeur mathématique » de ce fonds ?

Soit a, ce bénéfice moyen. Le coefficient K que nous désignerons désormais sous la rubrique « Coefficient de Valeur mathématique » est tel que l'on doit avoir :

$$V = a\,K$$

Le rapprochement des formules (1) et (2) nous donne :

$$a\,K = \frac{a}{t}\,(1 - u^{-n}).$$

d'où : $K = \frac{1}{t}\,(1 - u^{-n})$ formule 2.

* * *

VII. A titre documentaire, nous avons été amené à dresser le tableau suivant des « Coefficients de Valeur mathématique », c'est-à-dire des différentes valeurs de K (calculées au taux de 6 0/0 pour un nombre d'années variant de 1 à 30),

Durée du bail	Coefficient de valeur mathématique	Durée du bail	Coefficient de valeur mathématique
—	—	—	—
1 an	0,94	16 ans	10,11
2 —	1,83	17 —	10,48
3 —	2,67	18 —	10,83
4 —	3,47	19 —	11,16
5 —	4,21	20 —	11,47
6 —	4,92	21 —	11,76
7 —	5,58	22 —	12,04
8 —	6,21	23 —	12,30
9 —	6,80	24 —	12,55
10 —	7,36	25 —	12,78
11 —	7,69	26 —	13 —
12 —	8,38	27 —	13,21
13 —	8,85	28 —	13,41
14 —	9,29	29 —	13,59
15 —	9,71	30 —	13,76

Ainsi, la Valeur mathématique d'un fonds de commerce réalisant 100.000 francs de bénéfice annuel et ayant quinze années de bail à courir est de :

$$100.000 \times 9,71 = 971.000$$

soit en chiffres arrondis : 970.000 francs.

* * *

Pour nous résumer, nous dirons que la « Valeur mathématique » d'un fonds de commerce, est une grandeur mesurable qui sera obtenue en multipliant le bénéfice moyen d'exploitation par le coefficient indiqué dans le tableau ci-dessus.

SECTION II

DE « LA VALEUR DU FONDS » OU « PRIX DE CESSION »
A FIXER PAR LE JUGE

Nous venons d'indiquer que la « Valeur mathématique d'un fonds » ayant quinze années de bail à courir pouvait être fixée à un chiffre de 970.000 francs.

Il est évident que le cédant ne peut prétendre demander au preneur un prix de 970.000 francs. En effet, il y a équivalence entre la somme de 970.000 francs et la valeur actuelle de 15 annuités de 100.000 francs. Par conséquent, payer 970.000 francs au jour de l'achat, serait identique au fait de payer 100.000 francs par an pendant quinze ans; le preneur qui paierait son fonds 970.000 francs verserait donc au cédant la totalité de ses bénéfices éventuels, sans se réserver aucun profit personnel.

Ceci nous conduit à passer du calcul de la « Valeur mathématique » qui ne paraît guère devoir être discuté, à l'évaluation du « Prix de cession » faisant l'objet du litige.

Nous ne nous dissimulons pas qu'il y a là une certaine difficulté, et qu'ici encore on risque de tomber dans l'arbitraire.

On ne peut cependant méconnaître que déjà la notion de « Valeur mathématique » est un précieux élément d'appréciation pour le Juge si on le compare aux moyens empiriques employés jusqu'alors et dont les plaideurs peuvent se plaindre à bon droit.

Comment faut-il répartir la « Valeur mathématique »
entre le cessionnaire et le cédant? Telle est la question.

Le Législateur n'a pas été arrêté par une difficulté
analogue lorsque, dans l'article 13 de la loi du 25 février
1901, il a indiqué une répartition de la valeur de l'usu-
fruit et de la nue-propriété pour la liquidation et le
paiement des droits de succession.

Au surplus, pour passer de la « Valeur mathématique»
à la « Valeur de cession », l'analyse des faits est de
nature à nous fournir un solide point d'appui.

Si le preneur attribue une valeur au fond s, c'est bien,
ainsi que nous l'avons indiqué précédemment, qu'il
espère des résultats aussi importants que ceux qui ont
été produits dans les exercices écoulés.

Si le cédant de son côté sollicite une rémunération
c'est qu'il a participé sinon à la création du fonds, mais
du moins à son exploitation et qu'il renonce aux bénéfices futurs en l'abandonnant à son cessionnaire.

Il semble donc bien que la « Valeur mathématique »
doive être répartie entre deux intéressés qui, en équité,
nous paraissent avoir des droits égaux : le cédant qui a
contribué au développement du fonds et le cessionnaire
qui en continuera l'exploitation.

Sans doute, on nous objectera que le mode de répartition variera avec les cas d'espèces, les circonstances
économiques, l'emplacement, la nature spéciale du
commerce envisagé et tous éléments que seul le Juge a
qualité pour apprécier; il est néanmoins vrai que dans
des conditions normales, l'analyse qui précède tend à
nous faire admettre qu'en équité, une judicieuse répar-

tition sera vraisemblablement une répartition de la « Valeur mathématique », à égalité entre le cessionnaire et le cédant. Et ainsi, dans notre exemple, le fonds, dont la « Valeur mathématique » est 970.000 francs, serait évalué à un « Prix de cession » de 485.000 francs.

Etudions la question du point de vue mathématique.

Le cédant qui aura perçu 485.000 francs sera en possession d'une valeur acquise, tandis que le cessionnaire se voit attribuer une valeur éventuelle. Et ici encore le raisonnement mathématique nous donne une précieuse indication : il nous montre que dans ce partage à égalité qui donnait satisfaction à nos sentiments d'équité le cédant est dans une meilleure situation que le cessionnaire.

A notre avis, il résulte de ce qui précède que dans des circonstances normales le cédant ne devrait pas recevoir comme « Prix de cession » une somme supérieure à la moitié de la « Valeur mathématique » du fonds. Aussi, pour fixer les idées, nous raisonnerons désormais sur cette hypothèse où la valeur maxima du « Prix de cession » P sera $P = \dfrac{V}{2}$

Si dans la formule donnant la « Valeur mathématique » $V = \dfrac{a}{t}(1 - u^{-n})$ on fait $P = \dfrac{V}{2}$ on obtient la formule du « Prix de cession » du fonds :

$$P = \frac{1}{2}\,\frac{a}{t}\,(1 - u^{-n}) \quad \text{ou} \quad P = \frac{a}{2\,t}\,(1 - u^{-n}).$$

Nous avons indiqué au paragraphe VI de la Section I du présent chapitre que le « Coefficient de la valeur mathématique » était donné par la formule :

$$K = \frac{1}{t} (1 - u^{-n}).$$

Puisque nous prenons comme base de nos calculs un « Prix de cession » égal à la moitié de la « Valeur mathématique », il apparaît immédiatement que le coefficient k permettant de calculer le « Prix de cession » sera donné par la formule :

$$k = \frac{1}{2} \; \frac{1}{t} (1 - u^{-n}) \quad \text{ou} \quad k \frac{1}{2t} (1 - u^{-n}).$$

Par conséquent, il suffira au juge ou à l'expert de prendre le coefficient de « Valeur mathématique » indiqué dans notre tableau et de le diviser par 2 pour obtenir le coefficient du « Prix de cession ».

De ce qui précède il résulte que nous retiendrons l'une ou l'autre des deux formules :

Formule de la « Valeur ou Prix de cession » :

$$P = \frac{a}{2t} (1 - u^{-n})$$

Formule du « Coefficient du Prix de cession » :

$$k = \frac{1}{2t} (1 - u^{-n})$$

SECTION III

ÉTUDE ALGÉBRIQUE DE LA FORMULE $P = \dfrac{a}{2t} (1 - u^{-n})$

Seule une étude algébrique de la formule nous permettra d'en tirer toutes les conséquences qu'elle comporte.

Au surplus, nous nous empressons d'indiquer au Lecteur que c'est cette discussion algébrique qui nous conduira aux observations formulées dans les cha pitres III, IV et V.

*
* *

1° *Etude algébrique de la formule en ce qui concerne* **a.**

On voit immédiatement que P est proportionnel à a, c'est-à-dire que la valeur du fonds est proportionnelle au bénéfice moyen.

Si $a = o$, la formule donne $P = o$.

Dire que a est nul, c'est dire que les bénéfices du fonds sont nuls. Notre résultat traduit donc cette notion économique très simple que la valeur d'un fonds est nulle si ce fonds ne rapporte aucun bénéfice.

*
* *

2° *Etude algébrique de la formule en ce qui concerne* **t.**

Au chapitre IV, nous donnons le tableau des différents taux appliqués par la Banque de France depuis le 11 janvier 1900 jusqu'à fin décembre 1925.

Pour la période d'avant-guerre, le taux le plus faible a été de 3 0/0 et le taux le plus élevé celui de 4 0/0.

Pour la période de guerre et d'après- guerre, le taux le plus faible a été de 5 0/0 et le taux le plus élevé celui de 7 0/0.

Nous montrerons dans le chapitre IV, par des exemples très simples, quelle est l'influence des variations du taux dans l'application de notre formule.

3° *Etude algébrique de la formule* : $P = \dfrac{a}{2t}\,(1 - u^{-n})$

en ce qui concerne n.

Nous aurons 3 cas particuliers à envisager :

Premier cas : $n = 0$.

Dans ce cas : $u^{-n} = \dfrac{1}{u^n} = \dfrac{1}{u^0} = \dfrac{1}{1} = 1$.

Donc : $1 - u^{-n} = 1 - 1 = 0$.

Donc : $P = \dfrac{a}{2t}\,(1 - u^{-n}) = \dfrac{a}{2t} \times 0 = 0$

Le cas de $n = 0$, c'est le cas où le bail arrive à expiration. Par conséquent, la solution mathématique $P = 0$ lorsque $n = 0$ traduit cette notion économique que la valeur d'un fonds dont le bail arrive à expiration est nulle.

Deuxième cas : $n = 8$.

Dans ce cas : $u^{-n} = \dfrac{1}{u^n} = \dfrac{1}{\infty} = 0$.

Donc : $1 - u^{-n} = 1 - 0 = 1$.

Donc : $P = \dfrac{a}{2t}\,(1 - u^{-n}) = \dfrac{a}{2t} \times 1 = \dfrac{a}{2t}$ (1).

Le cas ou $n = \infty$ est évidemment le cas où P atteint sa valeur maxima et nous voyons qu'à la limite, cette valeur maxima de P est $a \times \dfrac{1}{2t}$.

Par exemple à 6 % la valeur limite de P est $\dfrac{a}{2 \times 0,06}$ ou $a \times \dfrac{1}{2 \times 0,06}$ ou $a \times 8,33$.

---

1. C'est la formule dite Formule de la perpétuité (analogie avec le calcul de la valeur actuelle d'une rente perpétuelle).

Ici, la solution mathématique :

$$\text{Limite de } P = a \times 8.33$$

traduit cette notion économique que le cœfficient maximum du prix de cession qu'on puisse appliquer est 8,33 parce qu'un tel coefficient correspond à une exploitation perpétuelle du fonds.

Troisième cas :   *n est un nombre fractionnaire.*

Nous avons supposé jusqu'à présent que la durée du bail s'exprimait par un nombre entier d'années ; mais il arrivera souvent que cette condition ne sera pas remplie. L'application de notre formule ne donnerait pas des résultats suffisamment précis, lorsque a prend des valeurs importantes, si on se contentait d'arrondir n pour obtenir un nombre entier. La formule idéale serait celle qui permettrait de tenir compte du nombre exact de mois et de jours, mais comme notre but est de donner seulement un ordre de grandeur, il suffit pratiquement de se borner au nombre de mois restant à courir.

Nous examinerons successivement les 2 hypothèses suivantes.

Première hypothèse. — La durée du bail est fractionnaire et supérieure à une année : Exemple : cinq ans quatre mois.

On arrivera à une approximation suffisante en procédant par interpolation, de la manière suivante :

Cœfficient de valeur mathématique extrait du tableau :

Pour six ans : 4,92
Pour cinq ans : 4,21
Différence correspondant à une année.. 0,71
(ou 12 mois) ;

Différence correspondant à quatre mois : $\dfrac{0,71 \times 4}{12} = 0,24$

Cœfficient de valeur mathématique pour cinq ans quatre mois $= 4,21 + 0,24 = 4,45$.

Coefficient de cession : la moitié du précédent, soit : $\dfrac{4,45}{2} = 2,22$.

Deuxième hypothèse. — La durée du bail est fractionnaire et inférieure à une année.

Il faut avoir recours à une nouvelle formule, la capitalisation des intérêts n'étant pas à envisager comme dans le cas général.

Soit a le bénéfice annuel moyen d'un fonds et soit m le nombre de mois restant à courir, m étant nécessairement inférieur à 12.

Le bénéfice correspondant à cette durée sera de $a \times \dfrac{m}{12}$

La valeur actuelle V de ce bénéfice est telle que l'on a :

$$V + \text{intérêts de V pendant } m \text{ mois} = \frac{am}{12}$$

$$V + V\frac{mt}{12} = \frac{am}{12}$$

$$V\left(1 + \frac{mt}{12}\right) = \frac{am}{12}$$

ce qui nous donne la valeur suivante :

$$V = \frac{\dfrac{am}{12}}{1 + \dfrac{mt}{12}}$$

ou : $V = \dfrac{am}{12 + mt}$

En répartissant cette valeur à égalité entre le cessionnaire et le cédant, on aurait donc pour le prix de cession P égal à la moitié de V

$$P = \frac{1}{2} \frac{am}{12 + mt}$$

Remarque. — La formule obtenue ci-dessus a un aspect différent de celui de la formule générale. Elle n'en conduit pas moins à des résultats identiques pour les durées qui leur sont également applicables, à savoir :

$$m = o \quad \text{ou } n = o$$
et : $\quad m = 12$ mois $\quad$ ou $n = 1$ an.

En effet :

1° Si dans chacune de nos formules nous faisons respectivement $m = o$ et $n = o$, nous obtenons le même résultat $V = o$, fait que nous avons déjà traduit en exprimant qu'un fonds dont le bail arrive à expiration à une valeur nulle.

2° Si dans la formule générale nous faisons $n = 1$, nous obtenons :

$$V = \frac{a}{2t} (1 - u^{-n})$$
$$= \frac{a}{2t} \left(1 - \frac{1}{1 + t}\right)$$
$$= \frac{a}{2t} \left(\frac{t}{1 + t}\right) = \frac{a}{2(1 + t)}$$

Si d'autre part dans la formule particulière nous faisons $m = 12$ il vient :

$$V = \frac{1}{2} \frac{12\,a}{12 + 12t}$$

ou :
$$V = \frac{a}{2(1 + t)}$$

valeur identique à la précédente.

On peut donc, pour ce cas s'adresser indifféremment à l'une ou l'autre formule, le résultat étant le même,

* * *

L'analyse qui précède de la formule $P = \dfrac{a}{2t}(1-u^{-n})$ nous a permis de rechercher les variations de P suivant les valeurs de n et de t.

Il apparaît immédiatement que $k = \dfrac{1}{2t}(1-u^{-n})$ varie comme P et que l'étude de k se ramène à celle de P précédemment faite.

Cependant, pour permettre de se rendre compte plus aisément de la variation de k suivant les valeurs de n et de t, construisons le graphique ci-après pour 3 taux : 0,06 0,05 et 0,045 et pour une durée de un à trente ans.

On peut sur ce graphique remarquer que :

1° k croit quand le taux diminue ;

2° Pendant les cinq premières années k ne varie que très peu avec le taux :

3° Les valeurs prises par k pour 2 taux sont d'autant plus différentes que le nombre d'années augmente.

* * *

Dans les chapitres qui vont suivre, nous allons envisager notre formule dans ses applications pratiques.

Nous verrons que la discussion algébrique qui précède avait son utilité, et qu'elle seule est de nature à nous orienter vers une solution satisfaisante dans certains cas particuliers.

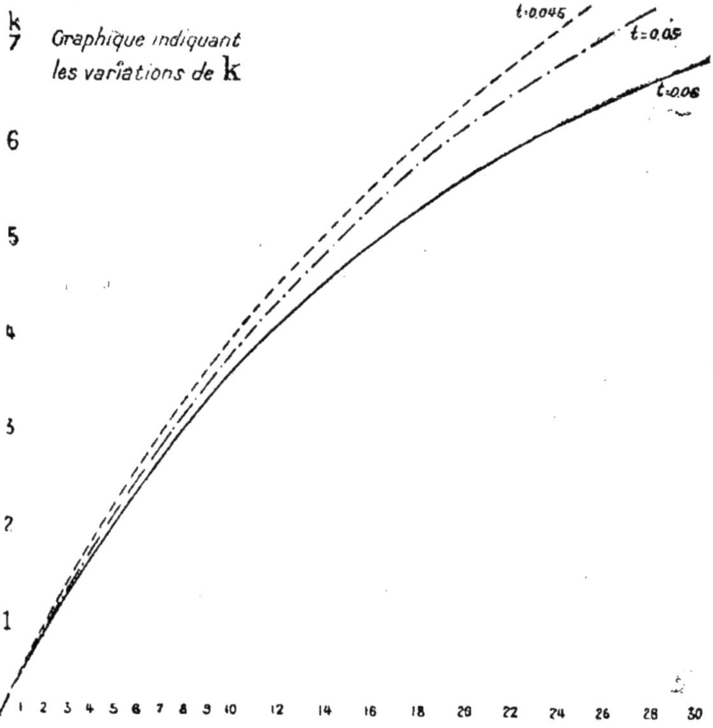

Construction graphique

En bas nous avons porté les années : 1ʳᵉ année correspond à 3 millimètres.

A gauche nous avons porté les valeurs de k : une unité correspond à 12 millimètres pour permettre de mettre mieux en évidence les variations de k.

Quant aux différentes valeurs de k, nous les retrouvons en ce qui concerne $t = 0,06$ en prenant la moitié des valeurs de K indiquées dans le tableau de la page 25. En ce qui concerne $t = 0,05$ ou $t = 0,045$ il faut en effectuer le calcul, ou rechercher K dans les tables de Violeine ou dans les tables de Pereire utilisées par les actuaires.

CHAPITRE III

CRITIQUE DE LA FORMULE QUANT AU BÉNÉFICE NET

Dans notre exemple, nous avons supposé un bénéfice moyen de 100.000 francs. Mais la notion de bénéfice demande à être précisée. En effet, on peut nous objecter que lorsqu'un commerçant réalise sur un fonds un bénéfice déterminé, il y a lieu de discriminer deux éléments dans les résultats de l'entreprise : d'une part, le salaire rémunérant son travail, d'autre part, le bénéfice provenant du fonds considéré indépendamment de l'exploitant. En outre pour connaître le bénéfice il faudra avoir à sa disposition les livres et documents comptables dont l'expertise sera parfois très délicate. Cette expertise étant supposée effectuée dans d'excellentes conditions, il y aura certains fonds pour lesquels on peut craindre, dans l'avenir, une diminution des bénéfices, alors que pour d'autres fonds on peut espérer, au contraire, un accroissement très sensible des résultats.

Et ainsi se posent quatre questions que nous étudierons successivement :

Section I — De la discrimination du salaire et du bénéfice d'exploitation ;

Section II. — De la notion comptable du bénéfice net;

Section III. — De la notion de progressivité dans le bénéfice ;

Section IV. — De la propriété des livres de commerce.

SECTION I

DE LA DISCRIMINATION DU SALAIRE ET DU BÉNÉFICE D'EXPLOITATION

Première hypothèse. — Supposons un commerçant X, gagnant 100.000 francs dans un fonds dont il a confié la gérance à un directeur. Dans ce cas, le problème est facile : le bénéfice commercial rémunérant le capital engagé est bien de 100.000 francs; la valeur mathématique du fonds est bien de $100.000 \times 9,71 = 971.000$ fr., soit en chiffres arrondis 970.000 francs et la valeur de cession de 485.000 francs.

Deuxième hypothèse. — Le problème est plus délicat s'il s'agit d'un commerçant, Z, gagnant 100.000 fr., en exploitant lui-même. Il est évident que si les parties, cédant et cessionnaire, tombent d'accord pour admettre que la rémunération de l'élément travail vaut 20.000 fr., le bénéfice commercial n'est que de 80.000 francs ; la valeur mathématique du fonds est de :

$80.000 \times 9,71 = 776.000$ francs en chiffres ronds et la valeur de cession est de 388.000 francs.

Sans doute, on ne manquera pas de nous faire remarquer que lorsqu'un contrat de vente de fonds sera soumis à l'appréciation d'un tribunal correctionnel, à la suite d'une plainte déposée par l'acheteur, ou à l'appréciation d'un tribunal de commerce, à la suite d'une demande en réduction du prix de vente du fonds, nous ne trouverons dans le contrat aucune trace permettant de discriminer le salaire résultant de l'élément travail (20.000) et le bénéfice résultant de l'exploitation (80.000).

Cette objection n'a pas l'importance qu'on pourrait être tenté de lui attribuer. En effet, l'élément salaire est très facile à déterminer ; c'est le traitement qu'on allouerait à un directeur gérant, dans le genre de commerce considéré.

Au surplus, le cédant dans sa défense peut envisager deux arguments extrêmes :

— Ou considérer son travail comme nul, et dire immédiatement que les 100.000 francs de bénéfice sont dus exclusivement au fonds lui-même, ce qui nous ramène à la première hypothèse ;

— Ou considérer son travail comme très important, et prétendre à un salaire plus élevé (35.000 francs, par exemple, au lieu de 20.000 francs), ce qui réduit d'autant le bénéfice dû au fonds lui-même (65.000 francs au lieu de 80.000), et a pour conséquence de diminuer la « Valeur mathématique du fonds ».

$65.000 \times 9,71 = 631.000$ francs en chiffres ronds au lieu de 776.000 francs indiqués précédemment et de ramener la « Valeur de cession » à 315.000 francs au lieu de 388.000 francs.

On conçoit facilement que le vendeur du fonds ne s'engagera pas dans le second argument qui conduirait à des conclusions nettement opposées à celles qu'il a l'intention de faire prévaloir.

SECTION II

LA NOTION COMPTABLE DE BÉNÉFICE NET

Il est généralement admis qu'on détermine le bénéfice moyen d'un fonds en prenant la moyenne de trois dernières années d'exploitation.

Mais il ne suffira pas de prendre invariablement la moyenne arithmétique des bénéfices, tels qu'ils apparaissent immédiatement dans la comptabilité présentée par le commerçant. Nous devons d'abord nous assurer que les années sur lesquelles nous baserons notre moyenne correspondent à une période d'exercice normal du commerce et de rendement réel du fonds. C'est ainsi que, d'une façon générale, et pour ne pas fausser notre moyenne, nous ferons abstraction de la première année d'exploitation, celle-ci étant une année de lancement précédant et préparant l'exercice normal et régulier du commerce. De même, si une circonstance exceptionnelle : maladie du commerçant, vol par un employé, incendie, carence d'un gros créancier, était venue atténuer anormalement le bénéfice d'une année, il faudrait éviter de faire entrer celui-ci dans le calcul de notre moyenne, à moins qu'il ne soit possible de discriminer les résultats découlant de cette circonstance exceptionnelle.

Il serait bon également de procéder de cette façon si une cause extraordinaire et dont le retour est improbable était venue donner temporairement une importance particulière au bénéfice (ouverture d'une exposition à la porte d'un café-restaurant, etc...). Il y aura donc lieu de toutes façons avant d'écarter l'exercice dont le bénéfice est anormal, de s'assurer que la cause de cette anomalie est bien exceptionnelle et non périodique.

Lorsque nous aurons choisi les trois exercices normaux, dont les résultats nous serviront de base pour déterminer notre moyenne, nous devrons étudier le bénéfice net de chacun de ces derniers, par une expertise comptable. Il arrivera, en effet, très fréquemment que la comptabilité du commerçant, bien que sincèrement établie, fera apparaître un chiffre que l'exploitant appelle son « bénéfice », mais qui sera tout différent du bénéfice net que nous cherchons.

Il importe ici de préciser cette notion comptable de bénéfice net.

Le bénéfice net est représenté par l'excédent de bénéfice brut (ou produit brut d'exploitation) d'une maison de commerce, sur les frais et charges ayant grevé l'entreprise pendant la période considérée.

L'analyse du bénéfice net sera par suite elle-même basée sur l'étude du bénéfice brut et sur celle des frais et charges.

Les différentes opérations commerciales concourant à la détermination du bénéfice brut s'entendent suivant la nature et les usages de la maison de commerce envisagée : achats et ventes, dans une maison de commerce ordinaire ; fabrication et ventes dans une industrie ; services prêtés, dans une affaire de commission, de courtage, de transport, etc. Il va sans dire que toutes les opérations accessoires se rattachant à l'exercice de la profession sont des éléments dont nous avons à tenir compte au même titre que les opérations principales, à la condition toutefois qu'elles n'aient pas un caractère exceptionnel, ainsi que nous l'avons indiqué précédemment.

L'exploitant devra donc, pour déterminer le bénéfice brut (ou produit brut de l'exploitation), déduire du montant de ses ventes le prix coûtant des marchandises vendues, lequel comprendra les achats et frais spéciaux aux achats, s'il s'agit de marchandises achetées ; les achats de matières premières, les frais sur achats de matières premières, la main-d'œuvre et tous les autres frais spéciaux de fabrication, s'il s'agit de produits fabriqués. Dans d'autres entreprises, le bénéfice brut sera seulement constitué par le montant des rémunérations acquises, commissions, courtages, locations, etc.

L'exploitant devra ensuite, pour dégager son bénéfice net, déduire de son bénéfice brut, obtenu ainsi que nous venons de l'indiquer, tous les frais et charges grevant son entreprise : le loyer, les appointements, les impôts, les assurances, le chauffage et l'éclairage, les timbres, la publicité, les frais de voyages, etc.

Le commerçant déduira encore les intérêts des capitaux prêtés à l'entreprise sous une forme quelconque (souscription d'obligation, versements en compte courant, etc.).

Enfin l'exploitant fera des amortissements normaux (immeubles, matériel, mobilier, frais de première installation), ou exceptionnels si une cause anormale d'usure d'un élément de l'actif l'a exigé. Et il n'est pas rare qu'il fasse, en outre, apparaître en déduction du bénéfice, l'intérêt qu'il destine à son propre capital investi dans l'affaire, ou l'intérêt de son compte courant, ou des prélèvements et des salaires qu'il s'alloue à lui-même, ou des réserves et des provisions qu'il effectue par mesure de prudence.

*   *   *

Ce sont toutes ces déductions que nous devons examiner une à une, pour dépouiller la comptabilité de l'entreprise de tous les éléments personnels à l'exploitant, et pour obtenir un bénéfice net se rapportant uniquement au fonds de commerce et soustrait à toute influence de la personnalité du propriétaire de ce fonds.

Les points sur lesquels devra porter notre attention sont nombreux et de natures très diverses. Ils diffèrent avec les conditions d'exploitation du fonds et la tenue de la comptabilité. Nous allons examiner successivement les cas devant lesquels nous nous trouverons le plus fréquemment. D'autres cas pourront se présenter. Il sera aisé de les étudier en s'inspirant des mêmes principe. Tout d'abord, il y aura lieu d'examiner si le chiffre ressortant de la comptabilité ne contient pas, mélangé au bénéfice commercial, des produits d'autre sorte qui ne sont pas des produits du fonds de commerce. Par exemple, il peut arriver que les produits d'une entreprise industrielle proviennent en partie de la culture ou d'une exploitation agricole annexe, et que cependant une comptabilité unique englobe tous les résultats. Il faudra, dans ce cas, avoir soin de faire la discrimination nécessaire, si le fonds doit être évalué séparément sans l'exploitation agricole annexe.

D'autre part, un commerçant peut être propriétaire de l'immeuble dans lequel il exerce et vouloir céder son fonds de commerce tout en conservant la propriété de l'immeuble. Dans une telle hypothèse, la comptabilité n'aura jamais fait état du loyer, mais aura parfois incorporé dans les frais généraux des frais d'entretien de l'immeuble. Il y aura lieu de tenir compte de cette situation pour la détermination du bénéfice net. En effet, un tel bénéfice tiré des écritures comptables engloberait à la fois le bénéfice commercial et le revenu immobilier, entre lesquels la discrimination est nécessaire.

Enfin, et spécialement dans les sociétés, l'actif comporte fréquemment des valeurs en portefeuillle dont le revenu, passé en écritures en même temps que le bénéfice commercial, est proprement un revenu de valeurs mobilières, qui doit être distrait du bénéfice net du fonds.

L'intérêt du capital personnel de l'exploitant ne devra pas être admis en déduction du bénéfice, puisque le bénéfice net que nous cherchons à déterminer est précisément la rémunération de ce capital, dont le commerçant a cherché un placement avantageux en l'employant à l'achat d'un fonds. De même, il ne convient pas de déduire l'intérêt des sommes que l'exploitant pourrait avoir en compte courant dans sa maison de commerce.

Il n'y a pas lieu, non plus, de déduire du bénéfice l'intérêt des capitaux empruntés à des tiers, sous quelque forme que ce soit. En effet, il ne saurait être question d'admettre que le bénéfice soit à réduire de 100.000 à 90.000, parce que l'exploitant a dû payer, au cours de l'année considérée 10.000 francs d'intérêts de billets de fonds.

Le compte agios devra, lui aussi, attirer notre attention, car s'il y a lieu de déduire du bénéfice les agios correspondant à une circulation normale d'effets, il n'en est pas de même pour ceux qui dans le cas où le commerçant manque de disponibilités, sont la conséquence d'emprunts ou d'ouvertures de comptes courants. De tels agios doivent être réintégrés dans le bénéfice du fonds au même titre que les intérêts des dits emprunts.

Nous n'admettrons pas non plus la déduction des prélèvements ou salaires au profit du propriétaire du fonds. Nous avons vu précédemment que cette question devra être examinée spécialement pour faire la discrimination entre les deux éléments constitutifs du bénéfice commercial : salaire rémunérant le travail, profit rémunérant le capital.

Ce partage, qui n'aura pas à être fait lorsque le commerce est géré par un directeur appointé, pourra, dans le cas où le propriétaire gère lui-même son fonds, être établi en allouant au travail personnel du propriétaire du fond le salaire attribué aux gérants des commerces similaires de même importance.

Mais, de toute façon, cette discrimination doit être faite en dernier lieu, après avoir déterminé le bénéfice sans tenir compte des prélèvements ou appointements que le commerçant a pu inscrire dans sa comptabilité, ceux-ci variant souvent dans des proportions énormes, et n'ayant aucun rapport avec le travail effectué.

Par exemple, dans un commerce où les appointements normaux d'un directeur gérant peuvent être évalués à 18.000 francs, on trouvera, dans les écritures, des prélèvements patronaux mensuels qui varieront de 200 à 300 francs jusqu'à 2.000 ou 3.000 francs suivant les cas.

D'une façon analogue, il y aura lieu d'examiner si, dans les frais généraux, ne figurent pas des participations à des employés (ou, à plus forte raison, à des tiers) qui font de ceux-ci de véritables associés de fait, pouvant parfois recevoir une fraction importante du bénéfice produit par le fonds considéré.

Il est évident, par exemple, qu'il n'y aura pas lieu de réduire de 100.000 à 80.000 le bénéfice, sous prétexte que le propriétaire s'est engagé à en donner 20 0/0 à son premier employé.

Enfin, il sera de toute nécessité de faire une étude approfondie des amortissements pratiqués, et de les ramener aux pourcentages normalement adoptés pour le genre de commerce dont il s'agit.

Si l'on n'opérait pas de cette façon, les résultats pourraient en être considérablement faussés. En effet, supposons deux fonds de commerce de même nature, qui tous deux font apparaître en écritures un bénéfice de 50.000 francs. Dans le premier, qui n'existe que depuis quelques années, il n'a jamais été procédé à aucun amortissement, le montant des bénéfices ne l'ayant pas permis jusqu'alors. Dans le second, fondé de plus longue date, nous voyons que le chiffre de 50.000 fr. est obtenu après amortissements normaux, et après amortissements exceptionnels de frais d'agrandissements considérables qui ont été effectués il y a trois ou quatre ans et qui s'élevaient à 100.000 francs. Il est évident que les produits de ces deux fonds pendant l'année considérée sont extrêmement différents. Nous n'aurons une idée exacte de la possibilité de bénéfice de chacun d'eux, qu'en revisant le poste amortissements dans la comptabilité et en effectuant dans l'un et l'autre cas des amortissements normaux pour les divers éléments d'actif.

Enfin, nous devrons nous assurer qu'une partie du bénéfice n'a pas été mise en réserve, ou n'a pas servi à constituer des provisions, dont l'effet est d'amener dans la quotité des bénéfices annuels successifs accusés par la comptabilité des différences qui ne s'expliquent pas, si l'on considère la marche régulière de l'affaire. Il sera utile, dans ce cas, de réintégrer les bénéfices, dans les exercices au cours desquels ils ont été réalisés.

Nous venons de passer en revue les différents redressements qu'il y aura lieu de faire subir au bénéfice comptable pour obtenir *le bénéfice net du fonds de commerce* aussi indépendant que possible des circonstances d'espèce et des éléments propres à la personnalité de l'exploitant de ce fonds.

Nous rappelons que nous avons supposé la comptabilité sincère. Nous n'examinons pas le cas où l'expert devra rectifier une comptabilité établie de façon à augmenter les bénéfices apparents en vue d'une vente probable, ou de manière à atténuer le rendement et à sous-évaluer le prix du fonds dans une reprise éventuelle lors d'un partage ou d'une liquidation.

Parmi les divers redressements que nous avons examinés, les uns sont de nature à diminuer le bénéfice et, par conséquent, la valeur du fonds. Ce sont ceux que nous avons étudiés en premier lieu et qui consistent en la discrimination des revenus agricoles, fonciers, ou mobiliers.

D'autres, au contraire, que nous avons étudiés ensuite, ont pour effet d'augmenter le bénéfice et par conséquent la valeur du fonds de commerce. Ils ont trait à la réintégration au bénéfice des divers éléments qui ont pu être distraits par le commerçant : intérêts, agios, prélèvements, participations, salaires.

Enfin, en dernier lieu, nous avons vu que l'étude des amortissements peut amener, suivant le cas, des rectifications dans l'un ou l'autre sens, et que l'examen des réserves et provisions peut justifier le report d'une part des bénéfiées d'un exercice sur un autre.

Et ainsi, l'examen de la comptabilité, après tous les redressements qui pourront être opérés pour les raisons que nous venons d'indiquer, permettra à l'expert de fixer le bénéfice moyen qui servira de base à l'évaluation du fonds.

* *

A titre d'exemple, nous indiquerons que dans une affaire de liquidation de communauté consécutive à un divorce, affaire que le tribunal civil de la Seine, avant faire droit, avait renvoyé à notre examen, nous avons opéré les redressements suivants :

Premier exercice

Bénéfice apparaissant en comptabilité..................		40.500
Rectifications faites à l'expertise et admises par les intéressés :		
Réintégration pour appointements prélevés...	22.000	
Réintégration pour intérêts prélevés........	15.575	
Réintégration pour amortissements anormaux.	3.000	
	40.575	40.575
Bénéfice réel.........................		81.075

Deuxième exercice

Bénéfice apparaissant en comptabilité.................	46.000
Mêmes réintégrations que ci-dessus...................	40.575
Bénéfice réel.......................	86.575

Troisième exercice

Bénéfice apparaissant en comptabilité.................	44.000
Mêmes réintégrations que ci-dessus..................	40.575
Bénéfice réel.......................	84.575

Récapitulation

Bénéfice moyen $\dfrac{81.075 + 86.575 + 84.575}{3} = 84.075$

Longueur du bail cinq ans.

Coefficient de valeur mathématique (voir tableau) : **4,21**.

Coefficient de prix de cession $\left(\dfrac{1}{2} \text{du précédent}\right)$: **2,10**.

Prix de cession correspondant : 84.075 $\times$ **2,10** = 176.557 fr.50

Evaluation proposée par l'expert : **175.000** francs.

C'est ce chiffre qui effectivement a servi de base à la transaction.

SECTION III

DE LA PROGRESSIVITÉ

Nous avons noté précédemment qu'il convenait, pour le calcul du bénéfice moyen, d'écarter les exercices exceptionnels et que nous devions prendre la moyenne des trois dernières années d'exploitation normale.

Ce système de détermination du bénéfice moyen peut attirer la critique en ce sens qu'il ne tient pas compte de la progressivité dans les résultats des différents exercices, alors que cette notion de progressivité peut parfois présenter une grande importance. Examinons-la.

Il va sans dire que nous n'avons pas l'intention de tenir compte des fluctuations de bénéfice qui pourraient résulter dans l'avenir soit d'une nouvelle extension donnée à l'exploitation, soit d'une meilleure organisation ou d'une gérance plus habile, soit au contraire, d'une gestion maladroite. Nous n'avons pas non plus l'intention de rechercher quelle peut être la variation des bénéfices du fait de l'augmentation du coût de la vie et de la dépréciation de la monnaie. Il est absolument impossible de prévoir ce que peuvent être dans l'avenir les variations de cet ordre, qui sont d'ailleurs le fait d'une situation exceptionnelle et la conséquence de la crise monétaire actuelle.

Mais en dehors de ces circonstances particulières, nous remarquerons souvent que, bien que le fonds de commerce ait été exploité normalement et de la même manière pendant les exercices successifs sur lesquels nous voulons calculer notre moyenne, le bénéfice réalisé a cependant régulièrement cru ou décru d'un exercice au suivant.

Il nous sera, en général, aisé d'apercevoir la cause de cette progression ou de cette décroissance des bénéfices. Les fonds de commerce, dont l'objet consiste en l'exploitation et la mise en œuvre d'une invention nouvelle (cinémas, T. S. F., autos, avions et commerces accessoires) sont susceptibles d'acquérir dans tous les pays une importance croissante au fur et à mesure que l'objet du commerce se perfectionne et entre dans le domaine de l'application pratique. L'installation d'une usine, l'ouverture de foires et marchés, la mise en service d'une voie de chemin de fer sont de nature à augmenter rapidement la vie commerciale d'un quartier, d'une ville ou même d'une région et à donner un essor nouveau à tous les objets de première nécessité. Nous constatons fréquemment qu'une mode peut donner à certains commerces une prospérité, dont il est évidemment impossible de prévoir l'importance et la durée (fourrures, peignes, bijoux).

Il arrive aussi que par une transformation lente mais certaine des conditions de vie économique d'une région, les fonds situés dans une périphérie déterminée voient leur rendement s'accroître dans certaines branches de commerce et diminuer dans d'autres.

Il est essentiel, dans la détermination de la valeur du fonds de commerce, de tenir compte de cette progressivité dans les bénéfices. Un exemple fera comprendre immédiatement l'importance de la question.

Supposons trois fonds de commerce A, B et C dont les bénéfices annuels pour les trois dernières années (d'exploitation normale) sont indiqués dans le tableau ci-après :

	FONDS A	FONDS B	FONDS C
1ʳᵉ année............	83.000	118.000	100.000
2ᵐᵉ année............	99.000	99.000	100.000
3ᵐᵉ année............	118.000	83.000	100.000
Ensemble.......	300.000	300.000	300.000
Bénéfice moyen des trois dernières années.	100.000	100.000	100.000

Les bénéfices moyens sont les mêmes, et cependant ces trois fonds n'ont pas la même valeur.

Le fonds A produit des bénéfices progressifs, qui laissent espérer une amélioration dans l'avenir. Au contraire, le fonds B donne des bénéfices décroissants qui font craindre des résultats ultérieurs déficitaires.

Le fonds A, a donc de toute évidence, une valeur marchande supérieure à celle du fonds B. Il n'est pas douteux que le juge, dans son appréciation de la valeur du fonds, devra tenir compte de cet élément, et l'expert n'anticipera pas sur l'évaluation à laquelle s'arrêtera le juge en attirant l'attention de ce dernier sur la variation des bénéfices au cours des différents exercices.

A titre de renseignement, qu'il nous soit permis d'indiquer deux procédés de calcul qui permettent de tenir compte de la notion de progressivité. Nous allons d'abord les préciser par des exemples théoriques très simples et nous indiquerons ensuite dans quelles circonstances pratiques nous avons été amené à les employer.

Premier procédé. — On peut, pour tenir compte de la progressivité dans les bénéfices(que ceux-ci subissent une variation croissante ou décroissante), calculer la moyenne des trois années en multipliant par le coefficient 1 le bénéfice de la première année, par 2 celui de la deuxième année, par 3 celui de la troisième année. Ce procédé qui, pour la détermination du bénéfice moyen, donne d'autant plus d'importance aux exercices qu'ils sont plus récents, fournit une moyenne qui nous aidera à tenir compte de la variation des bénéfices annuels, dans le calcul de la valeur du fonds.

Par exemple, en reprenant les cas précédemment envisagé des fonds A, B et C, nous obtenons :

	FONDS A	FONDS B	FONDS C
ͦ année.........	$83.000 \times 1 = 83.000$	$118.000 \times 1 = 118.000$	100.000
ͤ année........	$99.000 \times 2 = 198.000$	$99.000 \times 2 = 198.000$	100.000
ͤ année........	$118.000 \times 3 = 354.000$	$83.000 \times 3 = 249.000$	100.000
Ensemble......	635.000	562.000	300.000
Bénéfice moyen ͤs trois dernières ͣnées	$\dfrac{635.000}{6} = 105.833$	$\dfrac{565.000}{6} = 94.166$	100.000

Nous voyons que la moyenne obtenue est plus forte pour le fonds A à bénéfices progressifs et moins élevée pour le fonds B à bénéfices décroissants.

Nous avons eu pratiquement l'occasion d'employer le

procédé que nous venons d'indiquer dans les circons·tances suivantes.

En vue de la fusion projetée de deux sociétés anonymes, les Conseils d'Administration nous avaient demandé d'évaluer le fonds de commerce de chacune d'elles d'après notre formule, notre procédé de calcul ayant été indiqué, à l'époque, dans un article publié par la *Revue Pratique de Législation et de Jurisprudence du Tribunal de Commerce de la Seine.*

Les résultats apparaissant immédiatement en comptabilité étaient les suivants :

	SOCIÉTÉ X (8 ans de bail)		SOCIÉTÉ Y (12 ans de bail)
1re année........	235.000	1re année........	180.000
2e —	330.000	2e —	176.000
3e —	510.000	3e —	165.000

Après expertise des livres de comptabilité, nous indiquions aux parties qui nous donnaient d'ailleurs leur accord à ce sujet, que les bénéfices devaient être rectifiés et ramenés aux chiffres suivants :

	SOCIÉTÉ X		SOCIÉTÉ Y
1re année........	234.000	1re année........	182.000
2e —	327.000	2e —	166.000
3e —	506.000	3e —	158.000
Ensemble....	1.067.000		506.000
Bénéfice moyen des 3 dernières années........	355.666		168.666
soit : 356.000 en chiffres ronds		soit : 169.000 en chiffres ronds	

Et ainsi l'application de notre formule nous donnait pour prix de cession des deux fonds les éléments ci-après:

SOCIÉTÉ X		SOCIÉTÉ Y	
Bénéfice moyen.	356.000	Bénéfice moyen.	169.000
Coefficient de valeur mathématique correspondant à 8 ans de bail..........	6,21	Coefficient de valeur mathématique correspondant à 12 ans de bail.......	8,38
Valeur mathématique : $(356.000 \times 6,21) =$	2.210.760	Valeur mathématique : $(169.000 \times 8,38) =$	1.416.220
Prix de cession proposé......	1.105.000	Prix de cession proposé.......	708.000
(1/2 de la valeur mathématique, nombre arrondi)		(1/2 de la valeur mathématique, nombre arrondi)	

Mais l'administrateur délégué de la Société X attira l'attention sur le fait indéniable que nos rectifications montraient que sa société était extrêmement florissante, que les plus grandes espérances étaient permises, puisque les bilans accusaient des bénéfices en progression constante et très marquée, tandis que la Société Y traversait des difficultés dont les conséquences se manifestaient par une régression continue des bénéfices. C'est pourquoi s'il admettait le principe de notre calcul, pour fixer l'ordre de grandeur de la valeur des deux fonds de commerce, il demandait qu'une majoration fût attribuée au fonds de la Société X et qu'une diminution fût imposée au fonds de la Société Y.

Il concluait en disant que d'ores et déjà il nous invitait à étudier dans quelle mesure il conviendrait de rectifier les valeurs théoriques fournies par notre procédé de calcul pour leur donner un sens pratique.

Au cours de pourparlers ultérieurs, il fut admis sur

notre proposition qu'on tiendrait suffisamment compte de la notion de progressivité, en attribuant au bénéfice de la première année le coefficient 1, à celui de la deuxième année le coefficient 2 et à celui de la troisième année le coefficient 3. D'où les calculs ci-dessous :

Fonds de la Société X

(8 ans de bail)

$$1^{re} \text{ année} \dots\dots\dots\dots\dots \quad 234.000 \times 1 = 234.000$$
$$2^e \text{ année} \dots\dots\dots\dots\dots \quad 327.000 \times 2 = 654.000$$
$$3^e \text{ année} \dots\dots\dots\dots\dots \quad 506.000 \times 3 = \overline{1.518.000}$$
$$\text{Ensemble} \dots\dots\dots\dots\dots \quad \overline{2.406.000}$$

Bénéfice moyen : $\dfrac{2.406.000}{6} = 401.000$

Coefficient de valeur mathématique (correspondant à 8 ans de bail) : 6,21.

Valeur mathématique : $401.000 \times 6,21 = 2.490.210$.

Prix de cession proposé (moitié de valeur mathématique) : 1.245.000 (nombre arrondi).

Chiffre admis par les intéressés : 1.250.000.

Fonds de la Société   Y

$$1^{re} \text{ année} \dots\dots\dots\dots\dots \quad 182.000 \times 1 = 182.000$$
$$2^e \text{ année} \dots\dots\dots\dots\dots \quad 166.000 \times 2 = 332.000$$
$$3^e \text{ année} \dots\dots\dots\dots\dots \quad 158.000 \times 3 = \overline{474.000}$$
$$\text{Ensemble} \dots\dots\dots\dots\dots \quad \overline{988.000}$$

Bénéfice moyen, $\dfrac{988.000}{6} = 165.000$ (nombre arrondi).

Coefficient de valeur mathématique (correspondant à 12 ans de bail) 8,38.

Valeur mathématique : $165.000 \times 8,38 = 1.382.700$.

Prix de cession proposé (moitié de valeur mathématique) : 691.000 (nombre arrondi).

Chiffre admis par les intéressés : 700.000.

Deuxième procédé. — Lorsque les bénéfices des exercices successifs sont en augmentation nettement marquée, s'il serait très imprudent de présumer une variation continue, progressive et certaine des bénéfices ultérieurs, on peut par contre estimer que les résultats des années suivantes ne dépasseront pas sensiblement ceux de la dernière année.

Dans ces conditions, il n'apparaîtra pas anormal de prendre comme base, non pas le bénéfice moyen des trois dernières années, mais le bénéfice de la dernière année d'exploitation.

Par exemple, dans le cas d'un fonds dont les bénéfices avaient été les suivants :

1re année.....................	172.000
2e année....................	186.000
3e année....................	208.000

Les parties sont tombées d'accord pour évaluer la valeur du fonds de commerce à l'aide de notre formule, et en utilisant comme base de bénéfice moyen, le chiffre 208.000 réalisé pendant la dernière année.

De même, lorsque les bénéfices sont en régression, il serait peut-être excessif d'en conclure que ceux-ci continueront dans l'avenir à diminuer de plus en plus, tandis qu'on peut admettre qu'ils deviendront étales à partir d'un chiffre déterminé, par exemple celui de la dernière année d'exploitation.

Et ainsi un deuxième procédé de calcul consiste à prendre comme base de bénéfice, non pas la moyenne des trois dernières années, mais le bénéfice de la dernière année.

Si nous appliquions ce second procédé au cas précédemment étudié des Sociétés X et Y nous aurions les chiffres ci-après :

SOCIÉTÉ X.		SOCIÉTÉ Y	
Bénéfice 1re année...	234.000	Bénéfice 1re année...	182.000
— 2e —....	327.000	— 2e —....	166.000
— 3e —....	506.000	— 3e —....	158.000
Base: bénéfice de la dernière année...	506.000	Base : bénéfice de la dernière année...	158.000
Coefficient de la valeur mathématique..........	6,21	Coefficient de la valeur mathématique..........	8,38

Valeur mathématique :

$$506.000 \times 6,21 = 3.142.260 \qquad 158.000 \times 8,38 = 1.324.040$$

Prix de cession (1/2 valeur mathématique) : 1.570.000 (nombre arrondi).

Prix de cession (1/2 valeur mathématique) : 662.000 (nombre arrondi)

Il est intéressant d'établir dans le tableau ci-dessous la comparaison des divers procédés.

TABLEAU COMPARATIF

	PRIX DE CESSION	
	Fonds X	Fonds Y
Procédé général du bénéfice moyen des trois dernières années...	1.105.000	708.000
Procédé du coefficient de progressivité...	1.245.000	691.000
Procédé du bénéfice de la dernière année...	1.570.000	662.000

A notre avis, lorsque les bénéfices seront en progression marquée et régulière, positive ou négative, nous ne devrons pas renoncer au procédé général, mais il y aura lieu d'attirer l'attention du juge sur la notion de progressivité et de lui présenter le tableau comparatif ci-dessus.

SECTION IV

LA PROPRIÉTÉ DES LIVRES DE COMMERCE EN CAS DE CESSION DE FONDS

De tout ce qui précède, il résulte que la détermination du bénéfice ne peut être établie que par un examen minutieux de la comptabilité. Les livres devront être représentés à l'expert. Ici se pose une question très délicate : celle de la propriété des livres de commerce, en cas de cession du fonds.

Lorsqu'aucune clause spéciale n'intervient à ce sujet dans l'acte de vente d'un fonds, — et c'est le cas général — il est très fréquent que le désaccord intervienne entre les parties.

La question est longuement controversée de savoir si les livres sont la propriété du vendeur ou celle de l'acheteur.

Certains inclinent à penser que, si aucune mention n'est insérée dans l'acte de cession, — tant en ce qui concerne les livres obligatoires prévus par le Code de commerce (livre-journal, livre d'inventaire, copie de lettres), qu'en ce qui touche les livres auxiliaires ou facultatifs, l'acheteur est devenu propriétaire de tous ces livres, en même temps que du fonds, parce qu'ils

constituent un accessoire de celui-ci et qu'ils sont indispensables au preneur pour se mettre en relation avec
la clientèle.

D'autres objectent que les livres de commerce sont
la propriété du commerçant qui les a tenus, que cette
propriété ne peut subir aucune restriction, et qu'au
surplus elle sera transmise aux héritiers au même titre
que tous les autrés biens. On ne saurait nier cependant
que l'article 14 du Code de commerce apporte quelques
dérogations à ce principe de la possession exclusive qui
est l'attribut normal du droit de propriété. C'est ainsi
que la communication des livres d'un commerçant peut
être ordonnée en justice dans les affaires de succession,
communauté, partage de société, et en cas de faillite.
En outre, il est de jurisprudence constante que
l'employé intéressé peut exiger de son patron la communication des livres, pour fixer le montant de son
pourcentage de bénéfice (Cassation 3 janvier 1877). Il
est cependant certain que les tribunaux sont toujours
très prudents en matière de communication de livres.
C'est ainsi qu'un jugement du tribunal de commerce
de la Seine en date du 12 décembre 1912 se référant
lui-même à la jurisprudence (Bordeaux 31 octobre 1899.
Paris 21 novembre 1903. Cassation 3 janvier 1877 et
26 décembre 1886) précise que l'énumération de
l'article 14 du Code de commerce est limitative.

En dehors de la communication, qui implique le
dessaisissement momentané des livres pour être librement et complètement examinés, le juge peut (article 15
C. com.) ordonner, pour la solution d'un litige parti-

culier, la représentation des livres, qui comporte simplement la consultation de tel ou tel livre sur un point spécial, strictement réduit aux seuls besoins du litige (C. Cass. 26 mai 1894).

C'est assez dire que le Code de commerce et la jurisprudence considèrent bien les livres comme la propriété du commerçant qui les a rédigés.

Dans le cas qui nous occupe, — cas de la cession du fonds — la jurisprudence a été généralement conforme à ce principe.

Elle a estimé que la vente d'un fonds de commerce n'implique pas nécessairement de la part du vendeur l'obligation de remettre à l'acquéreur les livres et documents dépendant du fonds vendu, et qu'à défaut de stipulation contraire, les livres restent la propriété du vendeur, à charge par lui de donner communication à l'acquéreur des pièces de nature à faciliter l'exploitation du fonds. (Arrêts de la Cour de Paris 10 décembre 1864 et 22 janvier 1891 — Jugt. du tribunal de commerce de la Seine du 19 novembre 1896). En ce sens aussi, et plus récemment, le tribunal de commerce de la Seine (jugement précité du 12 décembre 1912) est d'avis qu'en cas de cession de fonds, et si l'acte ne contient aucune stipulation conventionnelle à cet égard, le vendeur ne transmet pas la propriété des livres à l'acheteur du fonds.

Sans doute la Cour de Bordeaux (25 avril 1910) a jugé que les livres de commerce étaient l'accessoire nécessaire du fonds de commerce et que, étant indispensables à un adjudicataire pour se mettre en rapport avec la clientèle, ils devaient être compris dans une adjudication, mais cette décision à notre connaissance est bien isolée : dans l'état actuel, l'avis général est que les livres, même ceux dont l'acheteur a pu prendre connaissance au moment de la vente et avant la vente, doivent, lorsque celle-ci s'est réalisée, rester la propriété du cédant. Au surplus, l'article 11 du Code de commerce exige la conservation des livres pendant dix années. Et si, jusqu'à ces dernières années, cette obligation pouvait paraître sans objet, les prescriptions du Code de commerce étant souvent, en ce qui concerne la tenue des livres, tombées en désuétude, il n'en est pas de même depuis la mise en vigueur du nouveau régime fiscal. L'article 32 de la loi du 31 juillet 1920 (Budget général de l'exercice 1920) autorise les agents du Trésor à prendre connaissance chez les commerçants, dont le chiffre d'affaires est supérieur à 50.000 francs, des *livres dont la tenue est prescrite* par le Titre II du Code de commerce, *ainsi que tous les livres et documents annexes, pièces de recettes et de dépenses.*

Et cet article ajoute : « que le refus de communiquer les livres ou leur destruction avant le délai fixé à l'article 11 du Code de commerce sera constaté par un procès-verbal et soumis aux sanctions établies par l'article 5 de la loi du 17 avril 1906 ».

D'autre part, l'article 66 de la loi du 25 juin 1920, — loi créant la taxe sur le chiffre d'affaires — stipule que tout commerçant ne tenant pas habituellement une comptabilité permettant de déterminer son chiffre d'affaires, doit avoir un livre aux pages numérotées sur lequel il inscrira ses recettes au jour le jour, sans blanc ni rature.

Et ce livre, avec ses pièces justificatives, notamment les factures d'achats, devra être conservé pendant un délai de trois ans.

Pour tous les commerçants, l'obligation de conserver leurs livres dans laquelle les mettait l'article 11 du Code de commerce, se trouve donc rappelée et renforcée par la menace de répression pénale. Il ne saurait donc être question de demander au vendeur d'un fonds de se dessaisir de documents dont la loi exige la conservation sous peine de sanctions sévères.

On a pu objecter que le cessionnaire pourrait précisément être celui auquel incombe cette charge de conserver et de communiquer la comptabilité. Nous ne croyons pas que l'on puisse, sans de graves inconvénients, transmettre à l'acquéreur cette responsabilité, que la loi a prévue pour le cédant.

Il apparaît donc nettement que le vendeur a les meilleures raisons juridiques de conserver ses livres de commerce et que, sauf conventions contraires, le cessionnaire ne peut prétendre à la propriété de ceux-ci.

Au surplus, il est bien rare que le vendeur accepte une clause de dessaisissement de la comptabilité, non pas parce qu'il peut avoir un intérêt majeur à ne pas les livrer à l'acquéreur qui pourra les utiliser contre lui, mais parce qu'ils lui seront indispensables pour opérer le recouvrement des créances qu'il n'a pas cédées et parce que dans l'état actuel de la législation fiscale, il commettrait une réelle imprudence.

Cependant la consultation des livres par l'acquéreur, avec le droit de les examiner librement dans toutes leurs parties, si elle n'est pas autorisée de bon gré par le cédant, pourra toujours être ordonnée par un tribunal, si elle apparaît comme un moyen d'information pour l'exploitation du fonds, l'entretien ou l'accroissement de la clientèle. Il est d'ailleurs fait remarquer que c'est seulement dans la période qui suit immédiatement la cession, que cette consultation présente un intérêt pour l'acquéreur.

Telle nous paraît être la solution logique de cette question de propriété des livres de commerce en cas de cession du fonds. Au surplus, cette question est surtout d'ordre théorique, car dans la pratique toutes les fois que l'acquéreur justifie d'un intérêt légitime de prendre connaissance des livres qui ne sont pas en sa possession, il lui est facile d'obtenir une ordonnance de référé nommant un séquestre auquel les livres sont confiés et chez lequel l'intéressé peut aller les consulter.

CHAPITRE IV

CRITIQUE DE LA FORMULE QUANT AU TAUX

Les observations que l'on pourrait présenter, quant au taux employé dans notre procédé d'évaluation d'un fonds de commerce, sont faciles à prévoir.

Le taux, dira-t-on est un élément qui subit la loi de l'offre et de la demande, il est l'objet de fluctuations dont on ne peut prévoir ni le nombre, ni l'importance, ni la durée ; il suffit d'examiner quelques contrats, pour se rendre compte qu'il est fixé par les contractants à des tarifs extrêmement variables.

On pourrait en conclure qu'il y a lieu de faire à notre méthode des critiques de quatre ordres différents :

1° La variation du taux échappe à toute appréciation de juge ou d'expert, elle regarde les intéressés ;

2° Le taux est choisi d'une manière arbitraire par l'expert, on ne saurait attribuer quelque autorité à l'évaluation qui en découle ;

3° Pour des taux légèrement modifiés, notre formule aboutira à des modifications importantes de l'évaluation du fonds ;

4° Enfin, les erreurs d'évaluation de l'expert, causées par une variation du taux choisi, pourront être très élevées lorsque la durée restant à courir sur le bail sera assez longue.

Nous étudierons successivement ces différentes objections. Un examen attentif nous montrera qu'elles sont loin d'avoir l'importance qu'on pourrait être tenté, à première vue, de leur attribuer.

Les deux premières critiques s'éliminent aisément. Nous avons, en effet, indiqué dès le début de cette étude que lorsque le juge est saisi d'une demande qui nécessite, soit directement, soit indirectement, l'évaluation d'un fonds de commerce, il n'y a nul obstacle à son appréciation. Il est saisi, il doit juger. Nous nous sommes suffisamment étendu sur cette question dans notre introduction pour qu'il nous soit permis de ne plus y revenir.

Au surplus, il n'est pas exact de dire que l'expert choisira son taux arbitrairement. En la matière il a une base solide : le taux de la Banque de France, dont les variations lui sont connues. Qu'il nous suffise de rappeler ci-après quelles ont été ces variations de 1900 à 1925.

Avant guerre

1900	11 janvier......................	4 %
—	25 —	3,5 %
—	26 mai........................	3 %
1907	21 mars.......................	3,5 %
—	8 novembre...................	4 %
1908	10 janvier....................	3,5 %
—	23 —	3 %
1911	22 septembre.................	3,5 %
1912	17 mai........................	3 %
—	18 octobre....................	3,5 %
—	1ᵉʳ novembre..................	4 %
1914	30 janvier....................	3,5 %

A LA VEILLE DE LA GUERRE

1914	31 juillet	4,5 %

PENDANT ET APRÈS LA GUERRE

1914	2 août	6 %
—	21 —	5 %
1920	9 avril	6 %
1921	29 juillet	5,5 %
1922	13 mars	5 %
1924	11 janvier	5,5 %
—	18 —	6 %
—	11 décembre	7 %
1925	9 juillet	6 %

Par l'examen de ce tableau, nous constatons que pendant la période d'avant-guerre, de 1900 à 1914 (soit pendant 15 années) le taux de la Banque de France a oscillé de **3** 0/0 à **4** 0/0.

Si nous considérons la période de **1914** à **1925** (soit 10 années) nous voyons que ce taux a varié de **5** 0/0 à **6** 0/0, sauf pour la période du **11** décembre 1924 au 9 juillet 1925, pendant laquelle il a atteint exceptionnellement 7 0/0.

Le taux de la Banque de France servira de base à l'appréciation de l'expert et c'est là une base dont on ne saurait méconnaître la valeur, puisque la statistique qui précède nous prouve que malgré l'influence d'événements extraordinaires tels que la guerre de 1914, le taux n'a pas subi de sautes brusques et que ses variations, pendant une période d'une dizaine d'années, par exemple, sont de l'ordre de 0,5 0/0 à 1 0/0.

De ce qui précède, il résulte que pour répondre à la

troisième objection, relative aux différences d'évaluation résultant de la modification du taux, nous n'aurons donc à nous préoccuper que des variations de taux dans l'ordre de grandeur sus indiqué. Etudions ces variations.

Nous avons indiqué précédemment que pour un fonds de commerce donnant un bénéfice net moyen de 100.000 francs, et pour lequel il reste quinze années de bail à courir, le coefficient de valeur mathématique du fonds était de 9,71 et la valeur mathématique du fonds de 971.000 francs.

Nous avons dit aussi qu'à notre avis, le Juge devait s'arrêter, pour fixer l'ordre de grandeur de la valeur du fonds de commerce, à une somme égale, au maximum, à la moitié de la valeur mathématique du fonds, soit environ 485.000 francs.

Avec les mêmes données :

Bénéfice moyen 100.000,

Durée du bail quinze ans,

nous obtenons, en faisant varier le taux, les chiffres résumés dans le tableau ci-après :

TAUX	Coefficient de valeur mathématique du fonds	VALEUR mathématique du fonds	VALEUR DU FONDS 1/2 de la valeur mathématique
5 %	10,38	1.038.000	519.000
5,5 %	10,04	1.004.000	502.000
6 %	9,71	971.000	485.000

Ce tableau nous montre que si nous passons du taux

de 6 0/0 à celui de 5,5 0/0, notre évaluation varie de 485.000 à 502.000, soit une différence de **17.000**.

L'écart résultant de la variation du taux est donc de 3,5 0/0 ou de 3,38 0/0 suivant que nous calculons cet écart par rapport au chiffre de 485.000 ou par rapport à celui de 502.000.

Si maintenant, nous passons du taux de 5,5 0/0 à celui de 5 0/0, notre évaluation est de 519.000 au lieu de 502.000, soit encore une différence de 17.000.

L'écart résultant de cette variation de taux est donc de 3,38 0/0 ou de 3,27 0/0, suivant que cet écart est calculé par rapport au chiffre de 502.000, ou par rapport au chiffre de 519.000.

Si nous rappelons que notre but est uniquement de fixer un ordre de grandeur de la valeur du fonds, qui permettra au juge de prendre une décision, le Lecteur sera d'accord avec nous en étudiant les trois exemples précités pour admettre que la critique consistant à dire que de légères modifications de taux entraînent des évaluations très différentes, est bien mal fondée, puisque pour une variation de taux de 0,5 0/0, l'écart qui en résulte dans l'évaluation ne dépasse pas 3,5 0/0 de la valeur du fonds.

Enfin, la dernière objection, précise que les erreurs d'évaluation de l'expert, résultant des modifications du taux appliqué, pourront être très élevées lorsque la durée du bail sera assez longue. Nous avons, dans notre exemple, supposé qu'une durée de quinze années restait encore à courir sur le bail. Nous ne croyons pas rencontrer souvent dans la pratique le cas d'une durée

plus longue, surtout dans les genres de fonds de commerce auxquels peut s'appliquer notre méthode, ainsi
que nous l'avons précédemment spécifié.

De nous-mêmes, nous nous sommes donc placé par
un tel choix dans le cas qui nous est le moins favorable,
et où la critique a la situation la plus heureuse. Nous
venons de voir cependant que l'écart des évaluations,
avec un bail de quinze années, ne dépassait pas 3,5 0/0
de la valeur du fonds lorsque nous faisons varier le
taux de 5 0/0 à 5,5 0/0 ou de 5,5 0/0 à 6 0/0.

Au lieu d'envisager cette situation extrême, comme
nous venons de le faire volontairement, plaçons-nous
maintenant dans le cas d'un fonds où il ne restera que
cinq années à courir sur le bail, le bénéfice moyen
étant de 100.000.

Nous obtenons pour les différents taux de 5 0/0, 5,5 0/0,
et 6 0/0 les résultats suivants :

TAUX	Coefficient	VALEUR mathématique du fonds	VALEUR DU FONDS (1/2 de la valeur mathématique)
6 %	4,33	433.000	216.000
5,5 %	4.27	427.000	213.000
6 %	4,21	421.000	210.000

Il résulte du tableau ci-dessus que la variation de
l'évaluation n'est que de 3.000 francs lorsqu'on passe
du taux de 6 0/0 à celui de 5,5 0/0, ou du taux de 5,5 0/0
à celui de 5 0/0. Cette variation correspond seulement
à un écart d'un peu plus de 1 0/0 de la valeur du fonds.

Les exemples précédents ont prouvé que les critiques adressées à notre méthode, relativement au taux, perdaient à l'examen beaucoup de leur importance apparente. Et nous pensons avoir ainsi suffisamment démontré que l'on ne pouvait arguer du seul fait que le taux applicable à notre formule est variable pour conclure au rejet de notre procédé de calcul, et que l'on ne saurait faire grief à l'expert de prendre comme base de ses calculs le taux moyen de la Banque de France.

Nous conseillons même à l'expert de prendre la moyenne des taux de la Banque de France pendant une période, dans le passé, égale à la durée du bail restant à courir.

C'est-à-dire que pour des évaluations à faire en 1926, nous sommes d'avis de prendre comme taux d'intérêt:

POUR UNE DURÉE DE BAIL DE	LE TAUX MOYEN DE LA BANQUE DE FRANCE		
5 années	de 1921 à 1925	soit	6 %
10 années	de 1916 à 1925	soit	6 %
20 années	de 1906 à 1925	soit	5 %

Nous pensons que cette façon d'opérer permettra de tenir compte du nivellement nécessaire du taux d'intérêt pendant la période restant à courir sur le bail.

CHAPITRE V

CRITIQUE DE LA FORMULE
QUANT A LA LONGUEUR DU BAIL

Dans notre formule, nous avons désigné par n le nombre d'années restant à courir sur le bail, et nous avons dressé un tableau de coefficients en faisant varier n de 1 à 30. C'est-à-dire que ce tableau indique le coefficient à appliquer au bénéfice moyen pour trouver la Valeur mathématique du fonds, pour les durées de bail s'échelonnant de un an à trente ans. A titre d'exemple, nous avons appliqué notre formule au cas particulier d'un fonds qui, réalisant une moyenne de 100.000 francs de bénéfices, avait quinze années de bail à courir.

Certaines objections peuvent nous être faites en ce sens que la durée du bail peut être inférieure à une année ou supérieure à trente années ; en particulier, il est possible qu'il n'y ait aucun bail, comme il est possible aussi que la durée du bail soit extrêmement longue.

1) *Cas où le bail est inférieur à une année.*

Dans la discussion de notre formule, nous avons étudié le cas de $n < 1$.

C'est le cas où la durée du bail est inférieure à une

année. Si l'on avait à résoudre le cas particulier d'un fonds cédé avec un bail de un trimestre, deux trimestres ou trois trimestres, il suffirait donc de se rapporter à la page 33.

S'il n'y a pas de bail, il existera au moins un délai de préavis, résultant des usages locaux ou des conventions renouvables par tacite reconduction, et suivant les circonstances nous retomberons dans l'une des hypothèses où la durée du bail est de neuf mois, six mois ou trois mois.

Enfin, nous avons indiqué dans la discussion de notre formule, que dans le cas particulier où $n = o$, on aurait $P = o$. Cette constatation mathématique est la traduction d'une notion économique très simple. En effet, un fonds dont le bail est expiré et non renouvelé, n'a pas de valeur ; au surplus, c'est une considération toute théorique, car il paraît probant qu'un locataire ne trouvera pas à vendre son fonds à la veille de son expulsion.

2) *Cas où le bail est très long.*

Nous nous sommes limité, dans notre tableau, à donner les coefficients correspondant à une longueur de bail variant de une à trente années.

Si le bail était plus étendu, la formule ne cesserait d'être vrai, il faudrait consulter les tables de Violeine ou de Péreire, et à défaut faire le calcul.

Nous indiquerons, à titre de renseignements, que dans une expertise amiable, nous avons eu à faire l'évaluation d'un fonds qui était cédé en même temps que l'immeuble. La question était délicate, car dans un tel cas on peut présumer que l'exploitation du fonds (en l'espèce un fonds avoisinant les grands boulevards) durera autant que l'immeuble. Les parties sont tombées d'accord pour prendre comme base une durée de trente années, chiffre que nous leur avions proposé, parce que la Société intéressée avait l'habitude d'amortir ses immeubles en trente années. Nous avons ainsi obtenu les résultats suivants :

Bénéfice de base....................	180.000
Coefficient de valeur mathématique...	13 76
Coefficient du prix de cession $\dfrac{13,76}{2} =$	6 88
Prix de cession correspondant.......	1.238.400
Prix convenu....................	1,200.000

* * *

Nous attirons ici la bienveillante attention du Lecteur sur le fait que, dans le cas qui précède, la solution extrême aurait consisté à dire que le fonds durera aussi longtemps que l'immeuble et que l'immeuble lui-même peut durer plusieurs siècles.

Même si l'on supposait que le fonds puisse être exploité indéfiniment, la formule que nous avons proposée ne cesserait pas d'être applicable. Nous savons bien que cette hypothèse ne peut avoir aucune conséquence pratique, mais nous tenons cependant à en donner la solution pour en tirer une conclusion d'ordre pratique aussi curieuse qu'inattendue.

Nous avons démontré dans l'étude critique de la formule que lorsque n tend vers l'infini, le coefficient tend vers $\dfrac{1}{2t}$ et le « Prix de cession » P, tend vers $\dfrac{a}{2t}$

Donc au taux de 6 0/0 où $t = 0,06$ la limite du coefficient est

$$\frac{1}{2 \times 0,06} = 8,33.$$

Dans le cas particulier précité où le fonds rapportait 180.000 francs, la valeur maxima de cession qu'on pouvait lui attribuer était

$$P = \frac{a}{2t} = 180.000 \times 8,33 = 1.499.400,$$

soit en chiffres ronds 1.500.000 francs.

Nous insistons sur ce coefficient limite de 8,33 et nous en tirons la conséquence suivante : *lorsqu'un tribunal applique dans l'évaluation d'un fonds un coefficient supérieur à 8,33 il risque de léser très fortement le cessionnaire, car un tel coefficient correspond à une exploitation perpétuelle du fonds.*

C'est une conclusion inattendue qui ne manquera pas de surprendre le Lecteur. Et cependant elle ne paraît pas devoir être contestée.

*
* *

De tout ce qui précède, il résulte que nous pourrons appliquer notre procédé de calcul non seulement dans le cas général où une durée normale reste à courir sur le bail, mais aussi dans deux cas exceptionnels : celui où il reste moins d'une année de bail et celui où la durée du bail restant à courir est extrêmement longue. C'est dire que notre méthode a une portée générale et se plie à toutes les circonstances d'espèces qui peuvent se présenter.

CHAPITRE VI

CRITIQUE DE LA FORMULE
QUANT A UNE LOI ÉVENTUELLE SUR LA PROPRIÉTÉ
COMMERCIALE

Il sort du cadre de cet ouvrage d'analyser le principe même de la loi sur la propriété commerciale. Cependant, il est indispensable de répondre à une objection qui ne manquera pas de nous être faite, tendant à affirmer que dès le vote de la loi sur la propriété commerciale, quel qu'en soit le contenu, la formule proposée au lecteur sera inapplicable. Nous ne le croyons pas.

Tout en restant complètement en dehors de toute appréciation ou de toute critique des différents projets élaborés en la matière, il semble bien que dans l'état actuel de la question, le principe même étant supposé admis, trois systèmes paraissent devoir opposer les partisans de la loi sur la propriété commerciale.

Le premier système tend à poser le principe de la propriété absolue du fonds et à en donner tous les attributs à l'exploitant.

Le deuxième système tend à poser le principe de l'indemnité due à l'exploitant du fonds, par le propriétaire qui se refuserait à renouveler le bail. Cette indemnité, pour les uns, devrait être calculée sur le prix du bail (indemnité égale à une année, deux années, trois années de bail ou même plus). Pour les autres, elle devrait être calculée d'après le bénéfice du fonds (indemnité égale aux résultats nets de six mois, un an, deux ans d'exploitation ou même plus).

Le troisième système consisterait à donner à l'exploitant le bénéfice d'une prorogation de bail pendant une durée à déterminer.

Examinons successivement chacun de ces trois systèmes.

I. — Système de la propriété du fonds

Si l'exploitant, par suite de la loi sur la propriété commerciale avait la propriété absolue du fonds, notre formule continuerait à s'appliquer. En effet, nous avons vu (page 75) que la valeur du fonds tend vers $P = \dfrac{a}{2\,t}$ lorsque n est infini, c'est-à-dire lorsque l'exploitant n'a aucune limite dans la durée du bail, ce qui sera le cas lorsqu'il aura la propriété absolue du fonds.

En outre, il y a lieu de remarquer que si la loi sur la propriété commerciale donne aux exploitants actuels la propriété absolue du fonds elle superposera un second propriétaire, le propriétaire du fonds, au propriétaire de l'immeuble. Ce second propriétaire, ayant tous les attributs de la propriété, pourrait vendre son fonds, et nous tombons dans le cas précédent où la valeur du fonds serait définie par la formule $P = \dfrac{a}{2\,t}$.

Mais il pourrait aussi n'en *louer que l'exploitation* pendant une durée déterminée, tout en conservant pour lui la propriété du fonds ; par conséquent, la question *d'évaluation de l'exploitation du fonds* se poserait dans l'avenir lorsqu'un *locataire de l'exploitation voudrait céder cette exploitation à un tiers*, de la même manière que la question *d'évaluation du fonds* se pose dans le présent lorsqu'un *locataire du fonds* veut *céder son fonds* à un tiers. Elle ne pourrait être résolue que d'après les principes que nous avons exposés.

II. — Système de l'indemnité

Nous n'avons pas à nous préoccuper ici du mode de détermination de cette indemnité : si elle est basée sur le prix du bail, le calcul en est immédiat, si elle est basée sur le bénéfice d'exploitation, le calcul sera consécutif à une vérification comptable.

Reprenons notre exemple d'un fonds ayant quinze années de bail et rapportant 100.000 francs par an : nous avons chiffré sa valeur à environ 485.000 francs.

Supposons, pour fixer les idées, que l'indemnité due par le propriétaire à l'exploitant du fonds dont le bail n'est pas renouvelé s'élève à 50.000 francs. (Il nous importe peu pour notre analyse que cette somme de 50.000 francs soit calculée sur le prix du bail ou sur le bénéfice d'exploitation.)

Il apparaît que le prix de cession du fonds devra être fixé à 485.000 francs plus une somme égale à la valeur actuelle de l'indemnité de 50.000 francs qui sera allouée à l'exploitant en fin de la quinzième année, pour non renouvellement du bail. Or, nous avons indiqué (voir page 21) que la valeur actuelle a d'une somme A payable dans n années était donnée par la formule

$$a = \frac{A}{(1 + t)^n}$$

Les tables de Péreire donnent la valeur de $\dfrac{1}{(1 + t)^n}$

Pour t = 0,06 (taux 6 %) et n = 15, on trouve $\dfrac{1}{(1 + t)^n} = 0,41726$ d'où l'on tire A = 50.000 × 0,41726 = 20.863 soit en chiffres arrondis. 21.000 francs.

Par conséquent, la valeur de notre fonds rapportant 100.000 francs et ayant quinze années de bail, devrait être portée de 485.000 à 485.000 + 21.000 = 506.000 fr.

Pour généraliser, nous dirons que la formule $P = \dfrac{1}{2} a f (n.t.)$ devrait être, avec le système d'une indemnité A due par le propriétaire à expiration du bail non renouvelé, modifiée ainsi :

$$P = \frac{1}{2} a f (n.t.) + \frac{A}{(1 + t)^n}$$

III. — Système de la prorogation de bail

Si la loi sur la propriété commerciale ne fait que prévoir une prorogation de droit, de la longueur du bail, dans des limites à fixer, notre formule ne cessera pas de s'appliquer puisque la longueur du bail fixée au moment du contrat, sera majorée d'une longueur connue m et deviendra n + m.

Il est vraisemblable que la loi sur la propriété commerciale aura en la matière des conséquences qu'il n'est pas possible de prévoir pour le moment, conséquences que nous serons amené à étudier dans l'avenir. Les observations qui précèdent ont uniquement pour but de réfuter l'objection mal fondée à notre avis, qui consiste à dire que la question faisant l'objet de notre étude perdra tout son intérêt avec la loi sur la propriété commerciale.

DEUXIÈME PARTIE

LES APPLICATIONS JURIDIQUES DE L'ÉVALUATION DES FONDS DE COMMERCE

La première partie de notre étude nous a permis de dégager les divers éléments qui exercent une influence sur la valeur des fonds de commerce. Par l'établissement d'une formule, nous nous sommes efforcé de préciser l'importance respective de chacun de ces éléments et de déterminer le procédé le plus commode pour obtenir une évaluation précise et équitable du fonds de commerce. Il nous reste à examiner maintenant comment cette formule pourra être appliquée dans les hypothèses très fréquentes qui, dans la vie juridique contemporaine, mettent en question la valeur d'un fonds de commerce.

Ces hypothèses sont extrêmement variées et ne sauraient être ramenées à un type uniforme. Elles se présentent très souvent au cours d'actions en justice devant les juridictions les plus diverses, civiles, commerciales, répressives, administratives, parfois aussi devant des tribunaux d'exception comme les jurys d'expropriation, les commissions de dommages de guerre ou de bénéfices de guerre. Mais très souvent aussi l'évaluation d'un fonds de commerce sera indispensable, en dehors de toute procédure contentieuse, dans des règlements d'intérêts de nature extra-judiciaire. Nous ne songeons pas ici à donner une énumération limitative de toutes les situations qui peuvent rendre nécessaire une telle évaluation. Cette énumération serait forcément incomplète. Les modifications presque journalières que subit la législation contemporaine, l'infinie variété des rapports juridiques engendrés par l'activité économique créent à tout moment des situations nouvelles qu'on ne peut se flatter de déterminer exactement à l'avance. Nous nous contenterons donc d'examiner |les hypothèses les plus fréquentes qui obligent de nos jours à déterminer la valeur d'un fonds de commerce. Pour chacune d'elles, nous rechercherons les difficultés qui peuvent se présenter lors de l'application de notre formule et la manière dont elles peuvent être surmontées. Nous pourrons ainsi vérifier dans quelle mesure l'emploi de cette formule se révèle à la fois conforme aux nécessités de la pratique et respectueux du droit et de l'équité.

Pour plus de commodité nous rangerons ces hypothèses sous les trois rubriques suivantes :

1° Evaluation d'un fonds de commerce à l'occasion d'un contrat relatif à ce fonds ;

2° Evaluation d'un fonds de commerce dans la liquidation d'une masse indivise dans laquelle se trouve compris le fonds ;

3° Evaluation d'un fonds de commerce dans les rapports entre le propriétaire du fonds et les administrations publiques.

CHAPITRE PREMIER

L'ÉVALUATION DES FONDS DE COMMERCE DANS LES RAPPORTS CONTRACTUELS RELATIFS AUX FONDS

§ I. — *Contrat de vente*

C'est de beaucoup le contrat le plus important en matière de fonds de commerce et celui qui donne naissance aux questions les plus intéressantes sur le sujet que nous étudions. L'évaluation du fonds de commerce sera indispensable dans tous les cas où notre droit tient compte de la différence entre la valeur objective de l'objet vendu et sa valeur subjective telle que l'a déterminée l'accord des parties et qui constituera le prix.

A cet égard, la vente du fonds de commerce n'est l'objet dans notre législation d'aucune disposition particulière et reste soumise aux principes généraux qui régissent la vente des meubles incorporels. Il en résulte donc que la vente d'un fonds ne saurait être l'objet d'une action en rescision pour lésion entre majeurs (1),

---

1. Toutefois il faut remarquer que de 1916 à 1922 l'exagération du prix, indépendamment de toute manœuvre frauduleuse a pu donner lieu, dans les ventes de fonds de commerce, à une action pénale. Cette exagération constituait le délit de spéculation illicite

cette action étant réservée aux ventes d'immeubles. Même si le fonds est vendu avec l'immeuble dans lequel il est établi, la rescision restera inapplicable. Tout au plus sera-t-elle possible quant à l'immeuble seulement, si l'on peut, sans méconnaître l'intention des parties, analyser l'acte en deux ventes distinctes, l'une portant sur l'immeuble et l'autre sur le fonds. Mais nous n'avons pas à examiner cette hypothèse qui ne peut donner lieu à évaluation du fonds vendu.

La rescision pour lésion ne s'applique d'ailleurs que de façon exceptionnelle aux ventes de fonds de commerce, même lorsqu'un des contractants est mineur. En effet, si le fonds est acheté par un mineur nous voyons qu'un tel acte n'est possible que si le mineur est émancipé et habilité à faire le commerce (1), conformément aux dispositions de l'article 2 du Code de commerce. Dès lors, il sera traité comme ayant pleine capacité juridique pour tous les actes relatifs à son commerce. Or la jurisprudence actuelle considère l'achat d'un fonds comme un acte de commerce (2), et par suite refuse au mineur commerçant le droit d'invoquer la lésion pour attaquer le contrat. Si, au contraire, le mineur vend

prévu par l'article 10 de la loi du 20 avril 1916, prorogée par la loi du 23 octobre 1919. La loi du 21 octobre 1922 a fait disparaître cette bizarrerie d'une action pénale pour exagération de prix sans possibilité de faire rescinder la vente.

1. Cass. 24 avril 1861. S. 61.1.265.

2. Cette jurisprudence a été confirmée par la loi du 17 mars 1909 attribuant compétence aux tribunaux de commerce pour toutes les questions relatives aux ventes de fonds. Cf. notamment l'article 18 de la loi et son interprétation dans Douai, 7 avril 1910 (D. P. 1910. 2.252).

un fonds, cet acte sera également considéré comme un acte de commerce si le mineur est commerçant. Quand le mineur vendeur n'est pas commerçant la vente ne peut être faite que dans les conditions fixées par les articles 1 et 2 de la loi du 27 février 1880. Une telle vente après délibération du conseil de famille et homologation du tribunal ne saurait être attaquée à raison de la lésion subie par le mineur. Si ces formes n'ont pas été observées, la vente est nulle sans qu'il soit nécessaire d'invoquer la lésion pour la faire résilier.

La rescision pour lésion ou la réduction du prix ne pourront donc être demandées par un mineur dans les ventes de fonds de commerce que lorsque seront réunies les conditions suivantes. Il faudra d'abord que le mineur acheteur soit capable, et par conséquent émancipé. De plus, il n'y aura d'action possible que si le contrat ne constitue pas de la part du mineur un acte de commerce. Ces conditions seront parfois réunies. Il en sera ainsi quand le fonds est acheté conjointement et solidairement par le mari et par sa femme mineure. Celle-ci, émancipée par le mariage et autorisée par son mari peut valablement prendre part à l'acte. Mais la Cour de cassation (1) lui a reconnu le droit d'invoquer son incapacité pour intenter l'action en réduction si dans cet achat elle avait été lésée.

Cette décision, d'ailleurs contestée en doctrine et rejetée par plusieurs cours d'appel, nous indique la seule hypothèse permettant d'invoquer la lésion dans les

1. Req. 21 août 1882. S. 83.1.113.

L. Retail   6

ventes de fonds de commerce. Elle donnera nécessairement lieu à évaluation du fonds et dans ce cas notre formule s'appliquera sans difficulté particulière. Ses éléments, durée du bail, montant des bénéfices nets, progression ou régression de ces bénéfices, résulteront de l'examen de la comptabilité et des renseignements donnés par le vendeur lors de la conclusion du contrat.

Jusqu'à présent, nous avons raisonné sur l'hypothèse de la lésion pure et simple dans laquelle le déséquilibre entre le prix et la valeur du fonds vendu ne résulte pas d'un vice de consentement quelconque de la partie lésée. Mais en pratique la question se posera devant les tribunaux dans des conditions différentes. Le contractant lésé, en général l'acheteur, se plaindra d'avoir été induit en erreur par les réticences, les affirmations ou les manœuvres dolosives du vendeur. Il invoquera donc à la fois le vice du consentement qu'il a donné à l'acte et la faute de son co-contractant. Ces raisons, d'après les principes généraux en matière de vente peuvent fonder soit une action en nullité, en vertu des articles 1109-1110 du Code civil, soit une action en réparation du dommage causé par le fait du vendeur.

Mais dans les ventes de fonds de commerce l'application de ces principes par la jurisprudence présente deux particularités importantes. En premier lieu les tribunaux se refusent à admettre que l'erreur de l'acheteur sur la valeur véritable du fonds vendu constitue une erreur sur la substance même de ce fonds. Il suffit pour qu'une telle erreur ne puisse être invoquée que le fonds ait une existence réelle au moment où la vente a été conclue.

Ainsi posée, la règle jurisprudentielle reduirait l'application de la nullité dans les ventes de fonds de commerce à de très rares hypothèses. Il en serait ainsi, par exemple, quand le fonds vendu serait un débit de boissons auquel aurait été retirée la licence prévue par la loi du 9 novembre 1915. Mais cette idée d'inexistence du fonds doit être interprétée de façon extensive. Les tribunaux eux-mêmes reconnaissant que lorsque l'exploitation d'un fonds ne donne aucun bénéfice et que l'acheteur a ignoré cette absence de tout produit, il pourra demander l'annulation de la vente. Le fonds n'ayant pas de valeur économique sera considéré comme inexistant. Il en sera de même, croyons-nous, quand l'acheteur a ignoré que le bail cédé avec le fonds était nul ou résilié, tout au moins dans les ventes de fonds de commerce de détail. Nous avons dit plus haut que, dans cette catégorie de commerce, la valeur du fonds dépendait essentiellement de l'importance et de la durée du bail.

Mais, même ainsi étendue, l'application de l'annulation aux ventes de fonds de commerce n'en reste pas moins très rare et presque exceptionnelle. Le plus souvent, le seul recours de l'acheteur trompé sur la valeur du fonds sera l'action en indemnité et nous arrivons là à la deuxième création de la jurisprudence en matière de vente de fonds de commerce. Pour diminuer le nombre des procès et soustraire l'acheteur au risque d'insolvabilité du vendeur, les tribunaux admettent que l'action en indemnité se présente sous forme d'action en réduction du prix de vente. L'acheteur demande à la Justice d'éteindre par compensation la dette du prix qu'il a assumée envers le vendeur à concurrence de la créance que lui confère sur celui-ci son droit à indemnité.

Dans cette action en réduction de prix l'évaluation du fonds de commerce jouera un rôle essentiel puisqu'on demandera au juge de diminuer l'obligation de l'acheteur de toute la différence entre le prix fixé dans le contrat et la valeur réelle du fonds cédé.

En pratique l'action en réduction de prix intentée par l'acquéreur contre le vendeur du fonds de commerce est portée devant le tribunal de commerce qui nomme un expert chargé d'évaluer le fonds vendu. Tant qu'une évaluation précise n'a pas été faite, il est impossible de déterminer le montant de la réduction. Nous nous trouvons donc dans une des hypothèses les plus fréquentes en pratique où l'on pourra songer à appliquer notre formule.

Cette application de la formule présentera des difficultés différentes suivant les espèces proposées au juge. Par hypothèse, l'acheteur a été trompé sur la valeur exacte du fonds au moment de l'achat à raison des déclarations, des réticences ou des manœuvres dolosives du vendeur. Il faudra éliminer ces causes d'erreur pour déterminer exactement les facteurs qui entrent dans la constitution de notre formule.

La première hypothèse et la plus simple, est celle dans laquelle le vendeur a garanti dans le contrat de vente, un chiffre d'affaires ou un bénéfice net annuels supérieurs à la réalité. Seule cette clause permet à l'acquéreur d'invoquer le peu d'importance des ventes pour obtenir cette réduction de prix. Encore devra-t-il prouver non seulement l'insuffisance de son chiffre d'affaires mais aussi le fait que cette insuffisance n'est pas imputable à sa mauvaise gestion (Trib. comm. Lyon, 29 août 1922 et 23 octobre 1922). Si cette clause de garantie n'est accompagnée d'aucune réticence ou manœuvre de sa part, l'étude des livres régulièrement tenus par l'acheteur permettra de redresser la déclaration inexacte faite par le vendeur et ainsi d'établir le facteur bénéfice annuel dans la formule que nous avons proposée.

Mais une difficulté particulière peut être soulevée. Supposons que la formule rectifiée par l'examen de la comptabilité nous conduise à reconnaître au fonds une valeur réelle égale ou supérieure au prix fixé dans le contrat. L'application pure et simple des règles indiquées plus haut conduirait dans ce cas à refuser à l'acheteur toute réduction de prix puisque celle-ci devrait être égale à la différence entre le prix et la valeur du fonds calculée d'après notre formule. Cependant il n'est pas douteux que dans ce cas le vendeur n'a pas satisfait à une obligation assumée par lui dans le contrat. Il ne peut se défendre en invoquant l'absence de lésion de l'acheteur qui a reçu une valeur égale au prix déboursé. En effet, l'action en réduction de prix ne se fonde pas sur un principe d'équivalence objective, mais sur la valeur subjective attribuée au fonds par l'acheteur. Celui-ci doit être dédommagé des avantages qu'il était en droit d'attendre du contrat et qu'il n'a pas obtenus. Il semble donc bien que dans cette hypothèse notre formule doit être déclarée inapplicable. Nous n'avons pas caché dès le début de cette étude que notre formule ne devait pas être considérée comme une règle rigide, mais comme une base de calcul. Il existe, nous l'avons vu, des facteurs très variés qui sont susceptibles dans tel ou tel cas déterminé de modifier la valeur du fonds telle qu'elle résulte des règles habituelles. Dans l'hypothèse que nous étudions on peut admettre comme probable qu'un de ces facteurs aura provoqué une diminution du prix devenu ainsi inférieur à la valeur normale du fonds telle qu'elle résultait des déclarations du vendeur. Dès lors, l'estimation conventionnelle du fonds telle qu'elle résulte du prix accepté par les parties doit se substituer à l'estimation objective que nous donne notre formule. Si vendeur et acheteur ont convenu qu'à tel chiffre de bénéfice et telle durée du bail correspondait telle valeur du fonds, le juge ne saurait leur imposer une estimation différente. La réduction du prix sera simplement proportionnelle à la différence entre les bénéfices garantis par le vendeur et les bénéfices réels donnés par le fonds (1).

---

1. *Exemple* : Un cessionnaire devient acquéreur pour 200.000 fr. d'un fonds donnant d'après le vendeur 100.000 francs de bénéfices annuels (garantis), et ayant neuf années de bail à courir.

Supposons qu'après expertise, les bénéfices réels soient fixés à une somme de 75.000 francs, chiffre correspondant aux trois quarts des bénéfices garantis par le vendeur.

A quel montant l'expert chiffrera-t-il le prix du fonds ?

Notre procédé de calcul nous fournit les éléments ci-après :

Coefficient de valeur mathématique : 6,80 (voir page 25).

Coefficient du prix de cession (moitié du précédent) : 3,40.

Valeur du fonds : 75.000 × 3,4 = 255 000 francs.

Il apparaît bien que dans ce cas particulier (d'ailleurs purement théorique car dans la pratique le vendeur déclarant un bénéfice plus élevé que la réalité poursuit l'unique but de céder son fonds

L'estimation du fonds suivant la méthode que nous avons proposée pourra se heurter à des difficultés d'un ordre différent quand l'erreur invoquée par l'acheteur demandeur en réduction de prix n'est pas la conséquence de la garantie donnée par le vendeur, d'un chiffre d'affaires ou d'un bénéfice net supérieurs à la réalité. Un arrêt récent (Rennes, 27 octobre 1924) a posé nettement le problème de la réduction de prix dans cette hypothèse. Il suppose que lors de la négociation de la vente l'acquéreur a fait confiance au vendeur et que ce dernier l'a trompé en lui présentant les résultats d'exploitation du fonds d'une manière inexacte soit en exagérant le chiffre d'affaires ou le chiffre de bénéfices, soit en fournissant des renseignements erronés. L'acquéreur peut alors invoquer devant le tribunal de commerce les articles 1109-1110 du Code civil pour obtenir la réduction du prix, à la condition toutefois que la comptabilité du vendeur soit irrégulière et incomplète et que l'acquéreur n'ait pu à raison de la nature du commerce se rendre un compte exact de l'importance de l'affaire. Par conséquent de simples déclarations du vendeur ne sauraient à elles seules fonder une action en réduction de prix si elles ne sont pas accompagnées d'une clause de garantie insérée

à un prix plus élevé et solliciterait dans l'espèce plus de 200.000 fr. pour la cession), notre formule ne saurait être appliquée.

Nous devrons raisonner de la manière suivante. D'un commun accord les parties ont attribué une valeur de 200.000 francs à un fonds procurant 100.000 francs de bénéfice et ont ainsi fixé d'elles-mêmes un coefficient 2 au bénéfice moyen pour la détermination du prix. Il faut en conclure que si le bénéfice réel n'est que de 75.000, le prix de cession doit être ramené à $75.000 \times 2 =$ 150.000 francs.

dans le contrat et mettant à la charge du vendeur une obligation spéciale. L'action en réduction ne sera possible que s'il est relevé contre le vendeur des faits constituant une faute grave ou une manœuvre dolosive. A défaut de tels faits, la simple déclaration inexacte faite au co-contractant constitue un exemple de « dolus bonus » qui ne saurait donner lieu à aucun recours judiciaire. Il appartenait à l'acheteur capable et maître de ses droits de vérifier par lui-même le bien fondé de ces déclarations.

Il en sera autrement si par le fait du vendeur, l'acheteur n'a pu se rendre un compte exact de l'importance du fonds de commerce et de sa valeur réelle. Le fait générateur de l'erreur pourra dans certains cas être une faute du vendeur sans qu'il soit possible d'y voir une manœuvre dolosive véritable. Ainsi quand le vendeur a montré à l'acheteur une comptabilité irrégulière ou incomplète qui permettrait d'attribuer au fonds une valeur supérieure à la réalité, l'action en réduction de prix pourra être intentée. Il ne sera pas nécessaire de prouver que les irrégularités relevées sur les livres sont la manifestation d'une manœuvre préméditée pour circonvenir l'acheteur.

De telles manœuvres constitueront un dol qui suivant sa gravité sera, soit un simple délit civil, soit un délit correctionnel lorsque seront réunis les éléments indiqués par les articles 405 et 419 du Code pénal. Ces manœuvres se présentent sous des formes très diverses et l'appréciation de leur caractère incombe uniquement au tribunal correctionnel. Nous nous bornerons à en relever quelques exemples. Il y aura manœuvre frauduleuse, constituant une escroquerie frappée par l'article 405 du Code pénal quand le vendeur a falsifié sa comptabilité avant de la soumettre à l'acheteur. Il en sera de même quand, pour augmenter artificiellement son chiffre d'affaires, le vendeur du fonds aura intentionnellement vendu des marchandises à perte. Il pourra arriver également qu'une clientèle fictive ait été créée ou qu'une mise en scène ait été organisée. L'interposition de personnes tierces, même si elles sont de bonne foi, dans l'intention de tromper l'acheteur sur la valeur réelle du fonds est particulièrement considérée par la jurisprudence comme une manœuvre délictueuse tombant sous le coup de l'article 405 du Code pénal.

L'article 419 du Code pénal s'applique aux mêmes manœuvres quand elles ont eu pour effet de fixer le prix du fonds à un chiffre supérieur à sa valeur normale telle qu'elle résulte de la concurrence naturelle et libre du commerce. Comme on le voit ce dernier article, qui s'applique aux ventes de fonds comme à toutes les ventes, donne en la matière une importance toute particulière à l'évaluation du fonds vendu. C'est la seule forme sous laquelle subsiste le délit de spéculation illicite aboli par la loi du 21 octobre 1922.

L'exagération du prix par rapport à la valeur réelle donnera lieu, non plus seulement à une action civile en réduction de prix, mais à une action pénale pouvant entraîner même des condamnations à l'emprisonnement.

Dans toutes ces hypothèses de fraude ou de dol du vendeur, l'évaluation du fonds de commerce rencontrera des difficultés non plus juridiques mais techniques et matérielles. Le juge devra rectifier les inexactitudes d'une comptabilité falsifiée ou mal tenue. Il devra éliminer les opérations fictives qui donnaient au fonds une importance qu'il ne possédait pas réellement. Mais ces difficultés matérielles ne sauraient être considérées comme un obstacle à l'application de notre formule pour l'évaluation du fonds. En effet, quel que soit le mode d'évaluation adopté, il sera toujours nécessaire d'établir avec exactitude la durée du bail et le montant des bénéfices que le vendeur tirait du fonds. Or ces deux indications une fois données, notre formule pourra être employée sans aucun obstacle.

La difficulté que nous avons rencontrée tout à l'heure (voir note page 90) en étudiant la clause de garantie ne saurait se présenter ici. Il ne peut être question d'une action dirigée contre le vendeur qui, après s'être livré à des manœuvres frauduleuses pour attribuer au fonds une importance qu'il n'a pas, a vendu ce fonds à un prix égal ou inférieur à sa valeur marchande réelle. D'une part de telles manœuvres ne s'expliqueraient guère si elles n'avaient pas pour but de vendre le fonds à un prix excessif. D'autre part ces manœuvres ne constitueraient pas un délit, même civil, puisque un élément essentiel d'un tel délit serait le dommage causé au patrimoine de la victime. Or, par hypothèse, la difficulté dont nous parlons n'existe que si le prix est égal ou inférieur à la valeur réelle du fonds, par conséquent quand l'acheteur n'a pas subi de perte et, parfois même, a réalisé un bénéfice.

§ II. — *Contrat de nantissement*

Les mêmes méthodes seront également applicables dans les hypothèses beaucoup plus rares où l'évaluation du fonds sera nécessaire à la suite d'un contrat de nantissement consenti sur le fond.

Il pourra arriver que le commerçant débiteur ait employé des manœuvres frauduleuses pour tromper son créancier sur la valeur réelle du fonds et par conséquent de la garantie que confère le nantissement. Ces manœuvres pourront donner lieu à des actions civiles ou correctionnelles que nous n'examinerons pas en détail à raison du peu d'importance pratique que présente la question. Mais retenons seulement que dans ce cas l'évaluation du fonds se fera dans les mêmes conditions qu'en matière de vente et qu'elle ne rencontrera que des difficultés d'ordre technique quand il faudra retrouver au travers des fraudes du débiteur, les éléments réels qui permettent de chiffrer la valeur du fonds.

§ III. — *Contrat de société*

Des problèmes identiques se posent quand est mise en question la valeur d'un fonds de commerce qui fait l'objet d'un apport dans un contrat de société. En pareil cas l'évaluation amiable du fonds sera presque toujours indispensable au moment de l'apport. Plus tard une évaluation judiciaire pourra être nécessaire quand l'exactitude de l'évaluation amiable sera contestée. Les difficultés qui se présenteront seront les mêmes que nous avons vues à propos de la vente. L'associé qui apporte le fonds, aura pu par ses réticences ou ses manœuvres, tromper ses co-associés au point de leur faire surestimer le fonds apporté. Le juge devra établir exactement les éléments qui donnent au fonds sa valeur réelle, sans se laisser égarer par les fraudes qui ont pu induire en erreur les co-associés de l'apportant.

CHAPITRE II

EVALUATION D'UN FONDS DE COMMERCE
DANS LA LIQUIDATION D'UNE MASSE INDIVISE

La série d'hypothèses pratiques que nous allons examiner sous cette rubrique n'est guère moins importante pour la question qui nous occupe que celle que
nous avons étudiée dans le chapitre précédent. La présence d'un fonds de commerce dans une masse indivise
résultera, en général, d'une des trois causes suivantes :
ou bien le fonds fera partie d'une succession échue à
plusieurs cohéritiers, ou bien il figurera dans l'actif
d'une communauté entre époux, ou bien enfin il sera
englobé dans le patrimoine d'une société, que celle-ci
soit régulièrement constituée ou qu'elle soit une simple
société de fait. Quelle que soit l'origine de l'indivision,
celle-ci rendra presque toujours nécessaire une évaluation des éléments de la masse indivise et en particulier du fonds. Cette évaluation sera en effet une des
opérations essentielles de la liquidation de la masse
indivise et, par conséquent, du partage dont cette
liquidation n'est que le préliminaire. Cette évaluation
nécessaire devra, en outre, être assez précise. En
effet notre législation, si peu favorable à la rescision
pour lésion en matière contractuelle, adopte une atti-

tude toute différente au cas de partage, puisqu'elle reconnaît le droit d'attaquer celui-ci pour toute lésion supérieure au quart de la part qu'aurait dû obtenir le copartageant demandeur. Tandis que dans le précédent chapitre nous avons vu que l'évaluation du fonds n'était pratiquement nécessaire qu'au cas de litige entre contractants, la valeur du fonds compris dans une masse indivise devra être estimée dans tous les cas, même s'il n'y a pas désaccord entre les copartageants. Dans ce cas, l'évaluation pourra être faite à l'amiable. Souvent aussi elle sera l'œuvre d'un expert choisi par les parties ou commis par le tribunal (1). Ainsi dans beaucoup

---

1. On pourra en juger par les deux exemples ci-après que nous empruntons à des affaires qui nous ont été confiées, dans lesquelles il s'agissait d'évaluer le fonds de commerce dépendant d'une communauté.

Premier exemple. — Voir *supra*, page 49.

Deuxième exemple. — Liquidation de la communauté d'entre M. et Mme X...

Après examen de la comptabilité, les parties sont d'accord pour déterminer le bénéfice moyen du fonds à 150.000 francs par an: Mais l'une des parties, Mme X..., veut appliquer le coefficient 3 et évaluer le fonds à 450.000 francs, tandis que l'autre partie, M. X..., qui conserve le fonds pour son compte personnel, veut appliquer le coefficient 1 et évaluer le fonds à 150.000 francs.

Si l'on indique que, dans l'espèce, la durée du bail restant à courir était de quatre années, la valeur mathématique du fonds est de :

$$150.000 \times 3,47 = 520.500 \text{ francs}$$

Selon nous une sage évaluation devait être faite à la moitié de la valeur mathématique, soit $\dfrac{520.500}{2} = 260.250$ francs et la partie qui proposait le coefficient 1 était plus près de la réalité que celle qui proposait le coefficient 3. Les parties ont d'ailleurs transigé sur le chiffre de 250.000 francs, très voisin de celui auquel notre calcul nous avait conduit.

de contrats de mariage une clause, dite clause commerciale, réserve à l'époux survivant même en présence d'enfants d'un premier lit, la faculté de conserver pour son compte personnel le fonds de commerce exploité par les époux au jour de la dissolution du mariage. Cette clause prévoit généralement que l'estimation du fonds sera confiée à deux experts choisis par les parties, ou désignés par le président du tribunal de première instance. De même, la nomination d'un expert par le tribunal sera nécessaire quand les parties ne s'accorderont pas sur la valeur à attribuer à un fonds de commerce compris dans la masse à partager, communauté ou succession. Cette nomination se fera, en général, sur incident soulevé lors de l'homologation de l'état liquidatif dressé par le notaire. Le mode d'évaluation des fonds de commerce, que nous avons proposé dans la première partie de ce travail, trouvera donc ici un champ d'application particulièrement étendu et particulièrement favorable, puisque seul il permet d'assigner, sans arbitraire, une valeur précise au fonds compris dans la masse indivise. D'autre part, il n'y a pas à craindre en général que les éléments qui servent, dans notre formule, à fixer la valeur des fonds soient altérés par la fraude ou le dol d'une des parties en présence. Mais en revanche d'autres difficultés peuvent surgir qui rendront parfois délicate la détermination de ces éléments et que nous allons examiner avec quelque détail.

1° *Difficultés relatives à l'évaluation du bénéfice net*

Nous avons vu plus haut comment on pouvait résoudre la difficulté résultant de ce que le commerçant n'a pas tenu compte dans ses livres du travail fourni par lui, travail dont la rémunération doit être défalquée des bénéfices donnés par le fonds. Des défalcations analogues devront être faites quand d'autres personnes que le propriétaire du fonds auront collaboré à l'exploitation du commerce sans recevoir pour leur travail des appointements réguliers. Il en sera ainsi, par exemple, quand la femme ou les enfants du commerçant sont employés dans la maison. Il faudra dans ce cas appliquer le principe que nous avons déjà indiqué. Le bénéfice tel qu'il est indiqué dans les livres de commerce sera diminué d'une somme égale aux appointements que recevraient des employés remplissant les mêmes fonctions que ces personnes

2° *Difficultés relatives à la durée du bail*

Ces difficultés ne sauraient se présenter si le fonds est installé dans des locaux loués en vertu d'un bail régulier, que ces locaux appartiennent à un tiers ou à l'un des co-propriétaires de la masse indivise. Mais il arrivera parfois que le fonds de commerce soit installé sans bail dans un immeuble faisant partie de la masse indivise. Il nous reste à voir quels principes juridiques pourront être invoqués pour déterminer de façon précise le facteur « durée du bail » qui, nous l'avons vu,

joue un rôle essentiel dans l'établissement de notre formule.

Supposons qu'un commerçant, marié sous le régime
de la communauté légale, exploite un fonds de commerce
dans un immeuble appartenant en propre à sa femme.
La communauté étant dissoute, le fonds doit être évalué
et pour cela la durée du bail doit être déterminée. Si
le fonds de commerce est attribué à la femme, par
exemple, par application de la clause commerciale insérée dans le contrat de mariage, le mari étant mort, il n'y
aura aucune difficulté. Nous appliquerons au fonds de
commerce la formule que nous avons établie au cas où,
le commerçant étant propriétaire des locaux où il
exerce son commerce, le bail a une durée illimitée.
Si le fonds est attribué au mari et s'il n'est pas intervenu
d'accord entre le mari et la femme ou ses ayants cause
relativement à la durée pendant laquelle le mari gar-
dera la jouissance des locaux, la question devient plus
ardue. Elle pourra être résolue, croyons nous, en tenant compte des deux idées suivantes. D'une part, le
mari administrateur des propres de la femme peut donner à bail les immeubles de celle-ci. D'autre part, ses
pouvoirs d'administrateur ne lui permettent pas de consentir des baux de plus de neuf ans opposables à la
femme après la dissolution de la communauté. On
pourra donc admettre que le mari qui pouvait donner
à bail les locaux occupés par son commerce, peut continuer à les occuper après que ses pouvoirs d'administration ont pris fin, à charge de payer à la femme le
loyer correspondant à la valeur locative. Donc la valeur

du fonds dans cette hypothèse ne devra pas être considérée comme nulle. En l'absence d'accord pour fixer la durée de cette occupation, le tribunal civil statuera sur cette durée sans pouvoir la porter à plus de neuf ans, puisque la femme ne saurait être liée par les actes d'administration du mari pour une durée supérieure. La durée fixée par le tribunal ou par l'accord des parties permettra ainsi de déterminer la valeur du fonds. Les règles à appliquer seront-elles les mêmes au cas de succession quand le *de cujus* exerçait un commerce dans un immeuble appartenant à l'un de ses héritiers ? Oui, si le défunt avait sur cet immeuble des pouvoirs d'administration, par exemple si l'immeuble appartenait à sa veuve non séparée de biens ou à l'un de ses enfants mineurs. Sinon lorsque le fonds sera attribué à un autre héritier que le propriétaire de l'immeuble on devra, à défaut d'accord sur ce point, décider que la durée du bail est limitée au délai de préavis fixé pour le congé par les usages locaux. Il faut d'ailleurs remarquer, qu'en pratique, l'hériter propriétaire de l'immeuble aura tout intérêt à consentir à un accord amiable et même à accorder à son cohéritier un bail de longue durée si le loyer qu'il reçoit est suffisant. En effet, par cette concession, il augmente la valeur du fonds de commerce attribué à son cohéritier et, par conséquent, le montant global de la succession. Etant cohéritier, il bénéficiera pour sa part de cette augmentation de la masse indivise.

Les mêmes idées pourront nous guider si nous supposons que le fonds est installé dans un immeuble qui fait partie de la masse à liquider. Il en sera ainsi dans

une succession quand le *de cujus* était propriétaire de
l'immeuble dans lequel s'exerçait le commerce. De
même, dans une dissolution de communauté, quand le
fonds était installé dans un immeuble commun. Si immeuble et fonds sont attribués au même copartageant
nous appliquerons encore la formule qui vise le cas où
le fonds jouit d'un bail illimité. Si l'immeuble n'est
pas mis dans la part de l'attributaire du fonds, il faudra
tenir compte des pouvoirs d'administration que pouvait
exercer le commerçant sur l'immeuble. Par exemple, le
mari commerçant installé dans un immeuble appartenant à la communauté pouvait louer les locaux qu'il
occupait. A plus forte raison en est-il de même quand
fonds et immeuble appartenaient au *de cujus* dont la
succession doit être liquidée. Mais ici encore les parties
en présence auront tout intérêt à procéder à un accord
amiable pour la raison que nous indiquions plus
haut (1).

1. Un tel accord sera d'ailleurs nécessaire même si les copartageants ne peuvent procéder directement à l'attribution du fonds
et de l'immeuble et sont obligés de les liciter séparément. Dans
ce cas, la pratique des avoués au Tribunal de la Seine est d'insé-
ser dans le cahier des charges une clause dans le genre de
celle-ci :

« Par le seul fait de l'adjudication séparée de l'immeuble et du
« fonds de commerce, l'adjudicataire du fonds de commerce sera
« de plein droit locataire pour trois, six, neuf, quinze années
« entières et consécutives qui commenceront à courir du premier
« Jour du terme suivant l'entrée en jouissance prévue au présent
« cahier des charges pour le fonds de commerce, et ce, à la volonté
« du preneur seul. »

Une stipulation analogue pourrait être employé sans inconvé-
nient dans une liquidation qui ne comporterait pas de licitation.
Elle permettrait dans cette hypothèse d'évaluer facilement le
fonds de commerce attribué.

Ces difficultés dans la fixation de la durée du bail ne sauraient être considérées comme une objection contre l'emploi de notre formule dans les liquidations de masses indivises comprenant un fonds de commerce. En effet, quel que soi le mode d'évaluation employé, il sera nécessaire de régler les rapports entre le copartageant attributaire du fonds et le propriétaire de l'immeuble quand ses rapports n'auront pas fait l'objet d'une convention amaible entre les intéressés.

Il faudra, de toute nécessité, que le tribunal décide si le commerçant pourra continuer à occuper les locaux, moyennant quel loyer et pendant combien de temps. Cette décision fournira les éléments nécessaires pour l'établissement de notre formule.

CHAPITRE III

L'ÉVALUATION DU FONDS DANS LES RAPPORTS ENTRE LE COMMERÇANT ET LES ADMINISTRATIONS PUBLIQUES

Dans les rapports, qui se multiplient chaque jour entre les administrations publiques et les simples particuliers il est très souvent nécessaire de rechercher la valeur exacte d'un fonds de commerce.

Parfois une administration publique assure la responsabilité d'un dommage causé à un fonds de commerce. Il en est ainsi au cas d'expropriation pour cause d'utilité publique, soit de l'immeuble dans lequel est installé le fonds, soit du fonds lui-même, par exemple lors de la création d'un nouveau monopole. La législation spéciale relative aux dommages de guerre constitue une application particulièrement étendue du même principe. Dans toutes ces hypothèses il sera nécessaire de déterminer la valeur du fonds qui a subi le dommage pour fixer le chiffre de l'indemnité qui devra être allouée au commerçant.

Mais le cas le plus fréquent où l'évaluation d'un fonds est rendue nécessaire dans les rapports entre un commerçant et l'autorité publique est celui des perceptions fiscales calculées sur la valeur du fonds. Dans notre législation actuelle ces perceptions sont presque exclusivement des droits de mutation. C'est dans la même catégorie qu'il faut ranger également la taxe sur les bénéfices de guerre dans la mesure où elle s'applique à la plus value des fonds de commerce. L'impôt sur le capital, s'il prend pied dans notre législation fiscale, donnera également lieu à l'évaluation des fonds de commerce qu'il frappera.

Nous ne retiendrons pour notre étude que les hypothèses qui résultent de notre législation normale, à l'exclusion des questions soulevées par les lois exceptionnelles provoquées par la guerre.

I. — Expropriation pour cause d'utilité publique

Lorsque l'accord ne sera pas réalisé à l'amiable entre les parties, dans le cas d'une expropriation (1), c'est au jury d'expropriation qu'il appartiendra de déterminer l'indemnité à allouer à l'exproprié, c'est-à-dire qu'il faudra d'abord estimer le fonds de commerce.

1. Dans ce cas, le propriétaire du fonds nous paraît fondé à solliciter du jury d'expropriation une indemnité au moins égale au prix d'une cession volontaire, l'expropriation qui lui est imposée ne pouvant lui être préjudiciable.

Il aura donc droit, en reprenant notre précédent exemple, à une indemnité minima égale à la moitié de la valeur mathématique du fonds, soit 485.000 francs. Et, si la crise actuelle des loyers ne lui permettait pas de se réinstaller ailleurs, nous estimons qu'il serait équitable que le jury d'expropriation lui accordât une indemnité qui à la limite pourrait atteindre la valeur mathématique du fonds.

Voici, au surplus, pour ce cas spécial, un exemple, basé non sur une hypothèse, mais sur la réalité des faits, et qui souligne de façon saisissante que, seule, la détermination de la valeur mathématique du fonds, peut orienter vers une décision équitable.

Au cours de l'année 1923, le jury d'expropriation attribue une

II. — En matière fiscale

C'est surtout dans la recherche par l'Administration de l'Enregistrement des insuffisances des déclarations souscrites en cas de cessions, successions, donations ou toutes mutations de fonds de commerce qu'il y aura lieu fréquemment de procéder à l'estimation du fonds que l'Administration prétendra sous-évalué.

La loi de finances du 13 juillet 1925 (art. 57 et suivants) stipule que le droit d'expertise accordé à l'Administration de l'Enregistrement est étendu à tous les actes ou déclarations constatant soit une mutation à titre onéreux ou gratuit, soit un échange de biens immeubles et de fonds de commerce.

Lorsque l'accord amiable n'aura pu être obtenu, la demande en expertise sera faite par simple requête au tribunal civil du lieu où se trouve le fonds, l'expertise sera confiée à un seul expert nommé par le tribunal. Si l'Administration ou les parties n'acceptent pas les con-

indemnité de 900.000 francs pour un fonds de restaurant dont le bénéfice moyen des trois dernières années était de 250.000 francs, et pour lequel il restait encore à courir dix-huit années de bail.

Or, il est indiscutable, et même indiscuté que, par suite de la crise actuelle des loyers, le propriétaire du fonds aura les plus grandes difficultés pour se rétablir.

L'expropriation a donc pour résultat de lui faire perdre dix-huit annuités de bénéfice à 250.000 francs l'une, annuités dont la valeur actuelle est de :

$$250.000 \times 10,83 = 2.707.500 \text{ francs}$$

A notre avis, il aurait dû recevoir une indemnité au moins égale à la moitié de la valeur mathématique du fonds, soit : $\dfrac{2.707.500}{2} =$

1.353.750 francs, alors qu'en réalité, il n'a reçu que 900.000 francs.

clusions de l'expert, il pourra être procédé à une contre-expertise qui pourra être confiée à un seul expert ou même à trois experts sur requête de l'une des parties.

* * *

Dans tous les cas que nous venons d'énumérer, l'expert, auxiliaire du juge qui l'a désigné, devra éclairer ce dernier par son rapport et sera amené à proposer à celui-ci une évaluation du fonds de commerce qui fait l'objet du litige.

Nous croyons que la méthode que nous avons exposée lui facilitera la tâche, et lui évitera souvent de tomber dans l'arbitraire où pourrait le conduire une estimation établie d'office, d'après les seules circonstances particulières de l'espèce sans aucune directive d'ordre général.

CONCLUSIONS

Au cours de cette étude, nous avons présenté un procédé d'évaluation d'un fonds de commerce, grâce auquel nous prétendons simplement fixer un ordre de grandeur et offrir une base à l'estimation judiciaire.

Nous avons fait observer que l'on ne saurait raisonnablement rejeter notre méthode, en objectant qu'aucun procédé ne saurait être retenu, sous le prétexte que les fonds de commerce n'ont pas de cours.

Nous rappelons que nous ne croyons pas non plus que l'on puisse sérieusement nous opposer que les éléments d'un fonds sont si divers et souvent si impondérables qu'il n'est pas possible de les chiffrer et, partant, d'attribuer au fonds telle valeur plutôt que telle autre. En effet, chaque jour, dans nos différents tribunaux, le juge, comme sa fonction l'exige, apprécie les éléments qui donnent au fonds son caractère d'individualité propre et en fixe la valeur.

Nous avons insisté sur ce point qu'il est acquis et qu'il ne peut être nié que tel fonds déterminé a une valeur suffisamment précise pour tous les professionnels compétents dans le genre d'exploitation dudit fonds. Au surplus, les offres de ventes de fonds, faites dans les annonces de nos grands quotidiens, indiquent toujours le bénéfice annuel (ou le chiffre d'affaires), et la longueur du bail. C'est la confirmation par les faits, que le fonds a une valeur dont on peut mesurer l'ordre de grandeur, en considération des deux éléments précités. C'est cet ordre de grandeur que nous avons cherché à fixer pour permettre au juge saisi d'une évaluation de fonds de commerce de prononcer sa décision en toute connaissance de cause.

Sans doute on ne manquera pas de nous dire que dans tel cas particulier, l'application de notre formule n'a pu être faite parce qu'elle était impossible ou qu'elle aurait conduit à des résultats très différents et très éloignés de la réalité, et on s'empressera de conclure que différentes observations ainsi faites suffisent à la condamner. Nous rappellerons que la discussion algébrique de la formule nous permettra de nous orienter utilement dans les cas d'espèces : c'est ainsi que nous avons pu donner une solution dans le cas particulier qui nous était soumis où le fonds était cédé en même temps que l'immeuble (voir p. 73).

Il y a lieu de mettre en garde le Lecteur contre les exemples qui pourraient lui être fournis, tendant à affirmer que notre calcul est démenti par les faits et qu'il peut conduire à des résultats qui apparaissent ridicules, lorsqu'on les place devant la réalité. Naguère un contrôleur des contributions était surpris de voir qu'un fonds dont les résultats déclarés pour les trois années précédentes, en vue de la cédule des bénéfices commerciaux étaient d'environ 20.000 francs, venait d'être vendu 320.000 francs. Le contrôleur fit le raisonnement suivant : ce fonds cédé pour 320.000 francs doit coûter à l'acquéreur 350.000 ou 360.000 francs avec les droits de mutation et la commission de l'intermédiaire, ce qui représente un amortissement annuel de 20.000 francs pour chacune des dix-huit années de bail restant à courir, amortissement qui absorberait le bénéfice, dans sa totalité, sans laisser au preneur aucune rémunération pour son travail et pour ses risques. D'ailleurs le cédant ainsi interpellé rectifia ses déclarations de bénéfice des trois années précédentes en indiquant qu'en dehors du bénéfice réalisé et s'élevant à 20.000 francs, il avait vécu sur le fonds, ce qui pouvait être évalué pour lui et sa famille à 2.000 francs par mois.

Cet exemple prouve qu'il faut contrôler très sérieusement les cas particuliers où l'on reprocherait à notre formule de donner des résultats dont la pratique démontre l'erreur.

En outre, cet exemple justifie les observations précédemment faites, qu'il faut dans la détermination du bénéfice net opérer tous les redressements permettant d'obtenir un bénéfice réel dépouillé de toute influence personnelle de l'exploitant.

Outre les erreurs qui peuvent résulter de prélèvements ou de dépenses extra-commerciales, il pourra arriver que la comptabilité présentée à l'expert commis par le juge soit volontairement faussée et présente un caractère nettement frauduleux.

Faussée pour raison fiscale, afin de faire apparaître des bénéfices moins importants que les bénéfices réels. Faussée par l'intéressé qui cherche à conserver le fonds lors d'une liquidation de succession ou de communauté et à le faire sous-évaluer en en augmentant les frais et charges et en en réduisant le bénéfice. C'est dire que, selon la nature de l'affaire qui lui est présentée, l'expert saura de suite dans quel sens il doit orienter ses recherches. Quoi qu'il en soit, il procédera tout d'abord à un examen minutieux de la régularité des documents comptables, de façon à déceler et à chiffrer les majorations ou atténuations qu'aurait pu subir le bénéfice. Il est évident que ce serait se vouer à un échec certain que d'appliquer notre formule s'il n'a la certitude que le bénéfice moyen qui lui servira de base correspond à la réalité.

Il va sans dire que l'intérêt le plus grand s'attache à l'exactitude de cette estimation du bénéfice, dont les écarts auront leur répercussion sur l'évaluation du fonds.

Même l'absence de tout document comptable ne suffirait pas à justifier le rejet pur et simple de notre méthode. Il y aurait lieu de procéder — et c'est ainsi qu'on opère fréquemment en matière fiscale — à ce qu'on appelle l'évaluation directe du bénéfice à l'aide de tous renseignements qu'on pourra recueillir et qui sont de nature à indiquer l'importance du chiffre d'affaires ou du bénéfice. Il est certes plus aisé et plus rationnel d'évaluer d'abord le bénéfice quelque difficulté qu'on éprouve, pour en déduire ensuite la valeur du fonds grâce à notre méthode, que de procéder immédiatement et arbitrairement à l'estimation du fonds.

En résumé, nous pensons que le procédé que nous avons indiqué pour l'évaluation d'un fonds de commerce en matière judiciaire, fournira un ordre de grandeur au juge. Ce dernier pourra alors, en toute connaissance de cause, prendre sa décision, en tenant compte de tous les éléments particuliers au litige qui lui est soumis.

Proposer une méthode, là où il n'y avait peut-être jusqu'alors qu'arbitraire de l'expert, fixer un ordre de grandeur, là où il n'y avait précédemment aucun point de repère pour le juge, tels ont été les buts très limités de notre étude.

ERRATA

Page	Ligne	Au lieu de :	Lire
21	23	A $=$ a (1 + t) n	a (1 + t)^n
21	28	u-n	u-n
23	19	$V = \dfrac{a}{t}$ (1-u-n) formule 1	$V = \dfrac{a}{t}$ (1-u-n) *Formule 1*
24	8	Le rapprochement des formules (1) et (2)	Le rapprochement avec la *Formule 1*
24	10	$K = \dfrac{1}{t}$ (1-u-n) formule 2	$K = \dfrac{1}{t}$ (1-u-n) *Formule 2*
29	8	$k \dfrac{1}{2t}$ (1-u-n)	$k = \dfrac{1}{2t}$ (1-u-n)
31	13	n $=$ 8	n $= \infty$
48	19	bénéfiées	bénéfices
104	9	amaible	amiable

TABLE DES MATIÈRES

9 782329 085951